慧镜无尘

中国古代铜镜精品

路韶康
编著

化学工业出版社
·北京·

内容简介

《慧镜无尘——中国古代铜镜精品》汇集了战国、两汉、隋唐时期的铜镜精品，大多是私人收藏。

本书分两部分，第一部分邀请国内青年学者撰写了相关文章，从不同角度介绍不同时期的铜镜艺术，第二部分是较高端的铜镜欣赏与说明，包括每面铜镜的简介、全图、局部细节图。

《慧镜无尘——中国古代铜镜精品》涵盖了铜镜的制作工艺、纹饰内涵等历史信息，期待能抛砖引玉，与广大收藏爱好者交流。

图书在版编目(CIP)数据

慧镜无尘：中国古代铜镜精品 / 路韶康编著.－北京：化学工业出版社，2021.6

ISBN 978-7-122-39264-0

I.①慧 …II.①路 …III.①古镜-铜镜（考古）-中国-文集
IV.①K875.24-53

中国版本图书馆CIP数据核字（2021）第105841号

责任编辑：胡全胜　冯　葳
责任校对：杜杏然
书籍设计：尹琳琳

出版发行：化学工业出版社
（北京市东城区青年湖南街13号 邮政编码100011）
印　装：中煤（北京）印务有限公司
880mm×1230mm　1/16　印张18¼　字数408千字
2021年11月北京 第1版第1次印刷

购书咨询：010－64518888
售后服务：010－64518899
网　址：http://www.cip.com.cn
凡购买本书，如有缺损质量问题，本社销售中心负责调换。

定　价：320.00元

顾问名单

高木圣雨

王镛

范扬

杭春晓

松村博峰

编写人员名单

主编：

路韶康

副主编：

张天意

汪闻远

刘静芝

陈锋

参与编写人员：

边凯

高勇

贾川

鲁树人

王义萍

王一蒙

于洪

张梁

翟天宇

周强

冯冠霖

许兆含

许兆霆

摄影：

于洪

前言

《尚书》《国语》《庄子》等先秦著作中，提到过古人“鉴于水”。《说文解字·金部》释“鉴”为“大盆也”，因此可以说盛水的盆（鉴），就是最早的镜子。随着合金技术的出现，中国开始了使用合金制作铜镜的历史。

铜镜一般制成圆形或方形，其背面铸铭文和图案，镜钮以丝带等穿系，正面则以铅锡磨砺光亮，可清晰照面。齐家文化墓葬中出土的一面距今已有四千多年历史的小型铜镜，其造型、装饰均较粗糙，应是目前考古资料中所知最早的一面铜镜。商、西周和春秋时的铜镜，都有零星发现，战国时期铜镜开始盛行，产量大增。到汉代，由于日常生活中对铜镜的大量需求，加之西汉中叶后经济繁荣，铜镜制作工艺产生了质的飞跃。所制铜镜工艺精良，质地厚重，镜背铭文、图案丰富多样。唐代发展到高峰后逐渐衰落，到明清时期，随着玻璃的诞生，铜镜逐渐淡出历史舞台。

综观中国古代铜镜发展的历史，从四千年前我国出现铜镜以后，各个时期的铜镜反映了它的早期（齐家文化与商周铜镜），流行（春秋战国铜镜），鼎盛（汉代铜镜），中衰（三国、魏、晋、南北朝铜镜），繁荣（隋唐铜镜），衰落（五代、宋、金、元代铜镜）等几个阶段。从其流行程度、铸造技术、艺术风格等几个方面来看，战国、两汉、隋唐是三个最重要的发展时期。本书将选取这几个时期最具有代表性的铜镜，以供藏友、读者欣赏交流。

本书由路韶康担任主编，张天意、汪闻远、刘静芝、陈锋担任副主编。参加本书编写工作的有边凯、高勇、贾川、鲁树人、王义萍、王一蒙、于洪、张梁、翟天宇、周强、冯冠霖、许兆含、许兆霆。感谢摄影师于洪为本书图版部分的铜镜拍摄照片，感谢高木圣雨、王镛、范扬、杭春晓、松村博峰五位老师在本书编写过程中提供的帮助。

路韶康

2020 年 12 月

目录

慧鏡無塵

庚子范揚

第一部分

铜镜的相关介绍

第一部分

介绍 　　 相关 　　 例 　　 总结

战国时期铜镜纹饰

春秋战国是中国历史上社会变革的重要时期，生产力快速发展，推动思想领域和文化艺术空前繁荣。当时的青铜艺术虽然逐步走向没落，但手工艺领域的铜镜艺术却日益绚丽多姿，铜镜产量大增，种类和形式多元，乃至达到了一个历史高峰。特别是战国时期，更以铸造精巧、纹饰题材丰富著称。对战国铜镜纹饰的代表性题材加以读解，将有助于我们理解那个历史时期铜镜艺术与社会发展状况以及文化背景之间的关系。

有学者将战国时期铜镜按纹饰题材划分为十余种之多。其中，纯地纹镜的主题纹饰成为很多铜镜上地纹的基本款式，包括羽状地纹镜和云雷地纹镜两种。羽状地纹镜（图 1-1）上的羽状地纹实际上来自象征祥瑞的蟠螭纹，是对瑞兽蟠螭某些身体部位的抽象与提炼，形成长方形花纹单元。云雷地纹镜纹饰以连续回旋的几何线条构成，根据镜背纹饰会产生不同变化，有的在双斜线方格内填充云纹，有的以双斜线三角形雷纹和云纹相间的方式排列形成云雷纹。云雷纹早在商周时期就十分常见，易于营造一种神秘的梦幻之境，代表了人们对于仙道和神人世界的向往，某种程度上满足了人们对永生境界的希冀。

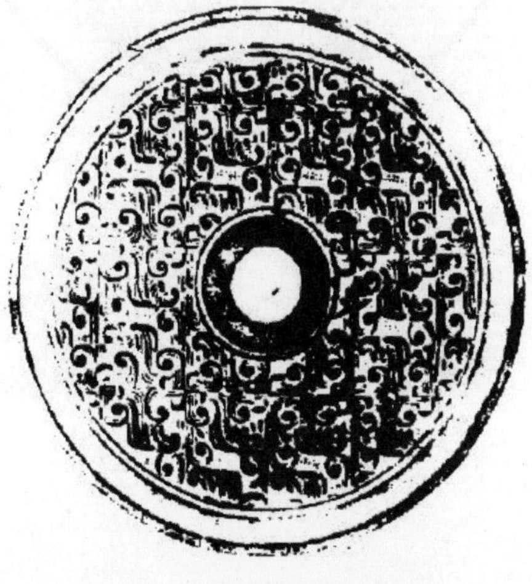

图 1-1　战国时期羽状地纹镜

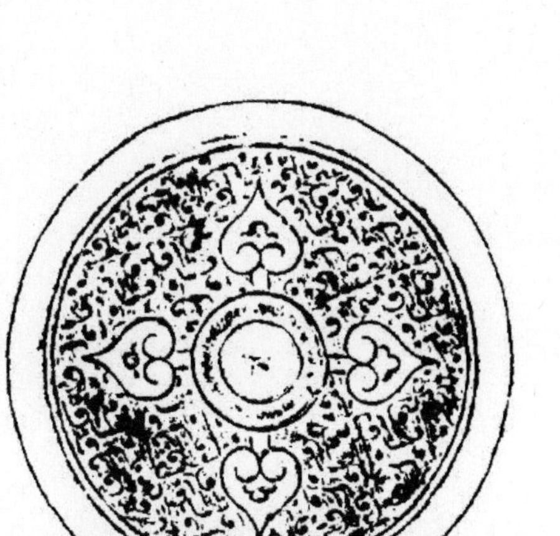

图 1-2　战国时期四叶纹镜

花叶镜是在纯地纹镜的基础上布置叶纹或者花瓣纹，形成的一种主纹与地纹相结合的具有多层次纹饰的铜镜，包括叶纹镜、花瓣镜和花叶镜几种。叶纹镜以四叶纹镜居多（图 1-2），以羽状纹为地纹，主纹的叶纹有的像团扇，有的像桃子。花瓣镜同理，通常以羽状纹、云纹或菱纹组合而成的细云雷纹为地纹，以四花瓣、八花瓣乃至十二花瓣为主纹。花叶镜可依主纹分为四花瓣镜、八花瓣镜和十二花瓣镜三种。

山字纹镜一般是在羽状地纹基础上，以三到六个“山”字纹饰作为主纹，其间穿插叶纹或花瓣纹。山字纹镜在战国时期最为流行，且四山字镜的数量最多。“山”字作为主纹有不同的变化形式，有的“山”字笔画较细长，钮座四角各向“山”字一侧伸出一瓣花瓣，每瓣与一个圆形花蕊相连，花蕊顶端又与一片长叶纹相连，“山”字另一侧也有一组圆形花蕊及长叶纹与其对应。有的“山”字笔画较粗短，“山”字底边平行于钮座边线，从钮座四角各伸出一组花瓣，每组两瓣花瓣。（图 1-3）有的“山”字底边与方形钮座的四个角相互对应，四组花瓣从方形钮座四边的中间向外延伸，且有些“山”字之间没有花叶穿插。

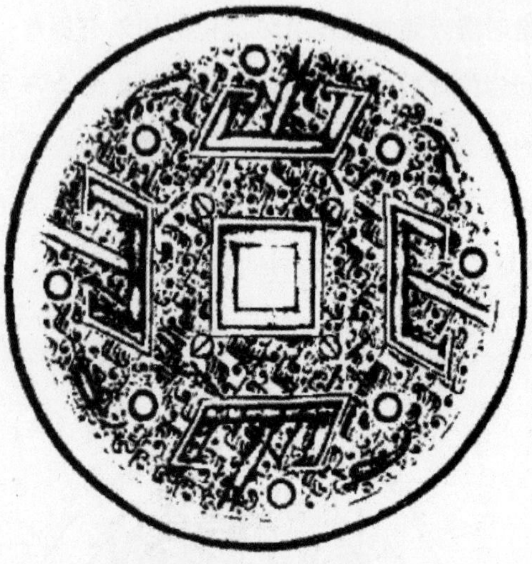

图 1-3　战国时期四山字镜

五山字镜（图 1-4）的“山”字纹饰线条较四山字镜更细，“山”字倾斜放置，“山”字之间有时无花瓣装饰。六山字镜的“山”字线条更细，字体倾斜度较五山字镜更大。

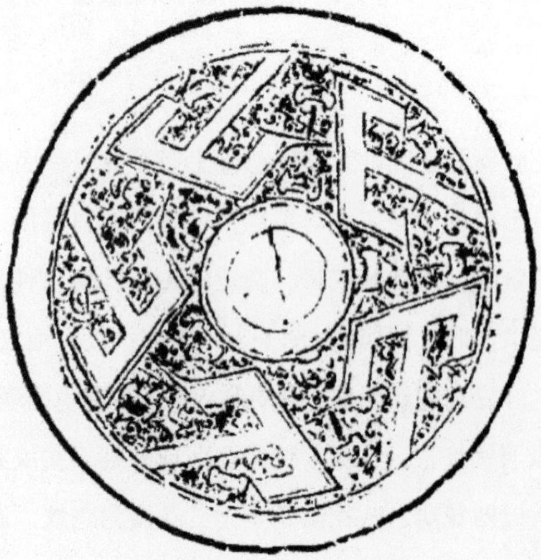

图 1-4　战国时期五山字镜

很多学者都曾经论及“山”字纹饰背后的文化含义。清代学者梁廷枏在《藤花亭镜谱》中说“刻四山形以象四岳，此代形以字”，就是说山字镜中的“山”字纹饰象征山岳。日本学者驹井和爱赞同梁廷枏的相关说法，他认为“山”字在秦汉之后没有产生太大的变化，它的造型稳重、宁静，所以在铜镜上使用“山”字纹饰，有和谐、稳定的吉祥寓意。学者张从军认为，“山”字纹饰象征着当时的人们对仙山、神人之境的向往。[1]这种说法有一定道理。春秋战国时期是中国古代文化史上一个思想空前活跃的重要时期，又是世界史学者所说的轴心时代的重要组成部分，从古希腊的柏拉图、亚里士多德，到中国的孔子、孟子、老子、庄子……他们几乎在同一历史阶段缔造了不同的文化传统，并且对后世产生深远影响。在春秋战国时期，社会思想领域流行一种求神问仙的自然神崇拜思想，这种思想对后世影响深远。如有学者以山东沂南汉墓墓门的仙山画像（图 1-5）为例[2]，认为画像上的仙山是由三根底部相连的柱状山峰构成的，三根山峰的中间一根上矗立着西王母，两侧山峰上各立着一只捣药的玉兔，此画像中的仙山造型与“山”字纹饰极为相似，这就预示着“山”字纹饰所包含的求仙问道思想。而且到了汉代，人们观念中蕴藏已久的这些神仙形象日益出现在神兽镜、画像镜等铜镜中，这些神仙形象经历了三国魏晋南北朝，来到了唐代，使神仙故事题材的铜镜独领风骚。可见，“山”字纹饰作为人们求神问仙思想体系的符号象征，是有一定现实依据的。

图 1-5　山东沂南汉墓墓门的仙山画像

[1] 张从军．战国铜镜纹样释读 [J]. 文物鉴定与鉴赏，2012（2）：75-76.
[2] 张从军．战国铜镜纹样释读 [J]. 文物鉴定与鉴赏，2012（2）：75.

菱纹镜是一种以羽状纹为地纹，是以凹面宽条带构成的菱形纹饰组成的镜类，分为折叠式菱纹镜和连贯式菱纹镜。折叠式菱纹镜(图1-6)是将菱形纹打散之后,再相互组合折叠,在镜钮周边分出四到八个核心区域，每个区域中心设计一个四花瓣纹饰,菱形纹边线被截断,并以"V"字形笼罩花瓣上方。连贯式菱纹镜是以镜钮为中心，以多重"V"字形菱纹组合成大的菱形结构。

图1-6　战国时期折叠式菱纹镜

有学者曾经就菱形纹的文化内涵做过考察，认为这种凹面宽带、弓背朝上的"V"字形，与战国时期流行的丝绸纹样、人们随身佩戴的玉璜、战国时的乐器编磬有相似的文化含义。❶战国时期这种菱形花纹深受人们喜爱，这从后来出土的石雕残像以及刺绣织物上可以看出，而铜镜受服饰制品影响绘制菱形纹也是情理之中。这类菱形纹具有雷纹的形式特征，因而也隐含着辟邪驱凶的吉祥寓意。除此之外，菱形纹与同样弓背朝上的配饰玉璜以及乐器编磬有相似的造型，因而也可能有了玉璜的礼聘通好和编磬的怡情悦性之功用。这些考察与推测，都丰富了菱形纹的内涵，使其更具审美意味。

禽兽纹镜是以饕餮纹、兽纹、凤鸟纹和禽兽纹为主纹的镜类。饕餮纹是商周时期就开始流行的一种兽面纹饰。（图1-7）饕餮拥有炯炯双目、粗黑眉毛和宽大的鼻梁，关于它的寓意说法众多，《吕氏春秋 · 先识览》记载："周鼎著饕餮，有首无身，食人未咽，害及其身，以言报更也。"可见，饕餮是一种贪食的野兽。而学者李泽厚进一步指出："它一方面是恐怖的化身，另方面又是保护的神祇。它对异氏族、部落是威惧恐吓的符号，对本氏族、部落则又具有保护的神力。"❷作为一种来自真实动物，又完全不似真实动物的想象性造物，饕餮被作为一种原始文化的图腾，承载着庇护、祈福的重要文化职能。虽然凶

❶ 张从军 . 战国铜镜纹样释读 [J]. 文物鉴定与鉴赏，2012（2）：77-78.

❷ 李泽厚 . 美的历程 [M]. 北京：生活·读书·新知三联书店，2014：39-40.

图 1-7 战国时期饕餮纹镜

猛灵异，但却是祥瑞的象征。除此之外，兽纹镜是禽兽纹镜类中数量最多的一个镜种，根据纹饰和布局的差异，可分为双圈兽纹镜、羽状地纹兽纹镜和云雷纹地兽纹镜三种。战国时期的兽纹镜虽然纹饰相对简单，但对后世产生重要影响，如汉代流传的神兽镜中那些神话灵兽纹饰大约都延续了这种原始神化传统，这与儒学在汉代确立统治地位之后，意欲神化新儒学的思想意图有关。

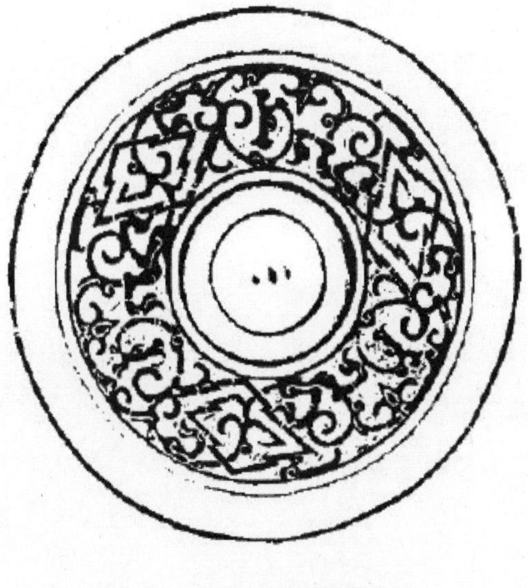

图 1-8 战国时期蟠螭菱纹镜

蟠螭纹镜也是春秋战国时期较为流行的一种镜类，多为圆形，以云纹或云雷纹为地纹，以蟠螭纹或凤鸟纹为主纹，学界将其统一概括为蟠螭纹。这一镜类中有四叶蟠螭纹镜，即主纹被分成四区，每一区中绘制一个蟠螭纹；蟠螭菱纹镜（图 1-8），即以细云雷纹为地纹，将蟠螭纹折叠成菱形，且身躯相互缠绕；还有普通的蟠螭纹镜，地纹不甚清晰，主要突出相互缠绕的主纹蟠螭纹。蟠螭纹除作为铜镜纹饰之外，也运用在其他青铜器上，但青铜器上的蟠螭纹身躯要缠绕器具一周，而铜镜上的蟠螭纹则需要做平面化处理，必须将其扭曲变形，设计成“S”形或者“C”形，这种切换观察视角的平面化改造，使蟠螭纹在二维空间具备了全景视觉效果，纹样的形式和性质也随之发生变化。

关于蟠螭纹的来源，《中国青铜器》一书曾将这种纹饰称为“卷体龙纹和交体龙纹”，“西周时代似乎没有见过蛇纹，到春秋战国再度盛行，但结构自由，个体精小，有作体躯卷曲和交连状，则成为卷体龙纹和交体龙纹，旧称蟠螭纹。”❶可见，蟠螭纹源于蛇纹，是蛇纹的变种。这实际上与龙纹的衍变过程相似，体现了蛇这种动物在古代中国自然崇拜阶段占有的重要地位。在古代传说中，伏羲与女娲就是人首蛇身，盘古、共工也是人面蛇身的造型，《山海经》中的烛龙也是此类造型。作为华夏民族图腾之一的蛇，赋予蟠螭纹以原始神秘的气息，使其成为一种新的祥瑞纹饰。与此同时，还可以看到，蟠螭纹的造型日益瘦长，逐渐褪去了饕餮纹所具有狞厉之美，更接近蔓草等植物形态，高高在上的神性造物日益渗透出亲近于人世的人本气息。这实际上也传递出一种文化信息，隐隐地预示着下一个历史时期人们信仰中的世俗特质和人伦追求。

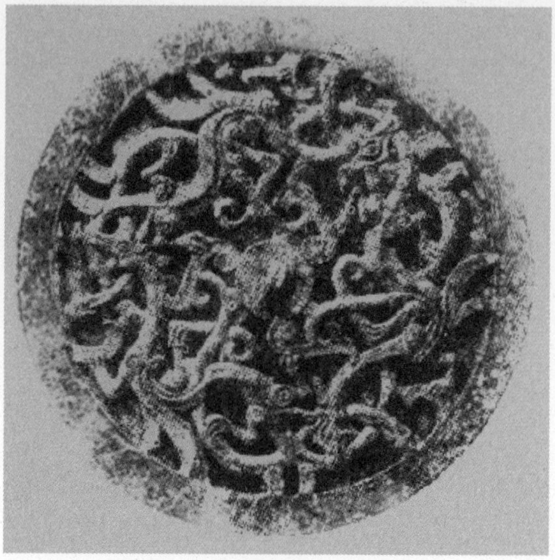

图 1-9　战国时期蟠螭透纹镜

春秋战国时期铜镜精致轻巧，以质地薄而轻巧著称，在这样轻薄的镜体上绘制细密的纹饰，必须要有相应的铸镜技艺。在这种时代背景下，独特的透雕镜独领风骚。透雕镜又叫夹层透纹镜，即以一片很薄的白铜片作为镜面，另一片有透雕图案的青铜片作为镜背，两片铸造完毕之后，再合为一体。其纹饰大多延续已有铜镜，制作成禽兽透纹镜及蟠螭透纹镜等。蟠螭透纹镜（图 1-9）分为方形和圆形两种，钮座以外均为透雕的蟠螭纹饰，蟠螭的身躯如云气和蔓草般相互缠绕，既有神兽的狞厉，也有云霞的缥缈，让人揽镜自照之时，仿佛产生一种飞仙般的梦幻感受。禽兽透纹镜也有方形和圆形两种。有一种透雕双龙纹镜较为常见，龙身做“S”形盘绕，纹饰线条较为粗壮有力，栩栩如生。还有一种镶嵌绿松石的透纹方镜，以四个装饰有鳞纹的夔形纹饰为主纹，其间嵌入宝石。透雕镜流行于春秋战国时期，战国以后逐渐消失。

除上述纹饰的铜镜之外，在这一历史时期还涌现出羽鳞纹镜、连弧纹镜、彩绘镜、金银错纹镜等，所采用的纹饰在上述纹饰题材基础上自由组合，极富创造力和视觉趣味，体现了这一历史时期的审美品格与文化风貌。

（本文作者：陈锋）

---

❶ 马承源 . 中国青铜器 [M]. 上海：上海古籍出版社，1988：335.

汉代规矩纹饰和规矩镜

汉代手工业生产水平有了大幅度提高，铜镜的铸造水平和艺术形式得以不断提升和丰富，流行的铜镜种类接近十余类。随着社会文化的演进，汉代铜镜的纹饰也越来越多样且寓意深远，在众多种类的铜镜中，规矩镜以其独特而抽象的纹饰造型引发了学者们的诸多猜测和探讨。对规矩纹饰和规矩镜进行简要梳理及解读，有利于我们一窥汉代社会生活和文化的独特风貌。

规矩纹饰存在于蟠螭纹镜中。蟠螭纹镜虽然源于春秋战国时期，但在西汉前期仍然流行。其纹饰仍然以云雷纹为地纹，以三至四个蟠螭纹为主纹，围绕钮座布置几圈同心圆圈带或方形格，内圈带较为狭窄并配置铭文，外圈带饰以蟠螭纹，并多以双线式或三线式绘制，这些都是汉代首创。与前代蟠螭纹镜相比，汉代的主纹表现手法不同，铭文的构图方式也不同，并且与规矩纹饰相结合，在蟠螭纹镜基本样式基础上，衍生出独特的规矩蟠螭纹镜。汉代规矩蟠螭纹镜（图 1-10）在钮座外布置双线条铭文方格带，方格四条边线的中点处各延伸出一个“T”形双线符，“T”形双线符对面则为“L”形双线符，方格的四角各与一个“V”形双线符相对。上面提到的“T”形双线符、“L”形双线符以及“V”形双线符就是汉代规矩纹饰。这些规矩纹饰和方格将镜背划分为四个或八个区域，并配以双线或三线式蟠螭纹。

图 1-10　汉代规矩蟠螭纹镜

规矩纹饰还存在于草叶纹镜中。草叶纹镜围绕钮座布置有铭文方格带或无铭文方格带。方格带之外装饰有草叶纹，铜镜边缘有向内凸起的连弧纹，有的连弧纹多达十六个。草叶纹镜包括四乳草叶纹镜、四乳花瓣草叶纹镜以及规矩草叶纹镜等。四乳草叶纹镜从方格带的四角各延伸出一组双瓣叶片纹饰，镜背由此被分成四个区域，每区均在中心乳钉两侧对称安排连续叠放的草叶纹饰。四乳花瓣草叶纹镜是在四乳草叶纹镜纹饰布局的基础上，围绕乳钉安排四枚三角形花瓣纹饰，看似一朵花卉的图案。与上述两种草叶纹镜不同，规矩草叶纹镜（图 1-11）是从方格带四条边线的中点处延伸出一个“T”形双线符，“T”形双线符对面则为“L”形双线符，方格带的四角各与一枚“V”形双线符相对。

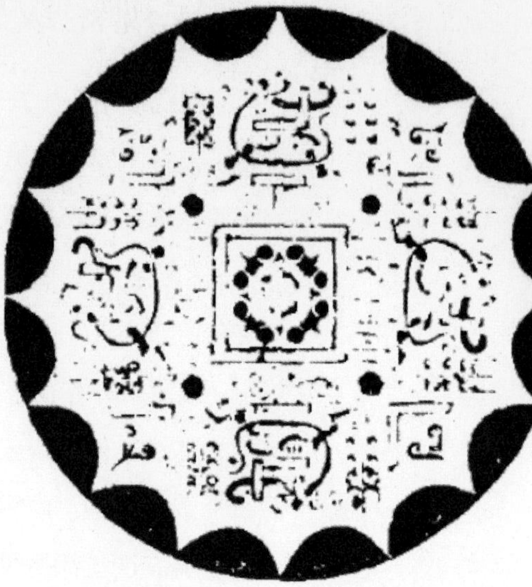

图 1-11　汉代规矩草叶纹镜

规矩镜同样具备规矩蟠螭纹镜和规矩草叶纹镜中的“T”“L”“V”形符，也就是规矩纹饰。规矩镜可以细分为四神规矩镜、鸟兽纹规矩镜、几何纹规矩镜和简化规矩镜四种类型。

四神规矩镜（图 1-12）的钮座外有一方框，方框内有十二地支铭文，方框四条边线中点处各延伸出一个“T”形符，“T”形符对面为“L”形符，方框四角各与一个“V”形符相对。镜背内部由此被划分为包含八等分的四个方位，由青龙、白虎、朱雀、龟蛇合体或相互分离的玄武这四神占据，并以鸟兽纹饰相配。镜背外部以一圈铭文带环绕，边缘处纹饰包括三角锯齿纹、水波云纹和流云纹等，构造较为复杂，画面更加端庄秀丽，颇具装饰意味。

图 1-12　汉代四神规矩镜

鸟兽纹规矩镜(图1-13)的纹饰布局与四神规矩镜相同,但内部主题纹饰内容更加丰富,除青龙、白虎、朱雀等纹饰外,还有鹿、马、羊、羽人、凤凰、飞鸟等形象,铭文类型也更加多样。几何纹规矩镜(图1-14)则在上述纹饰布局基础上,以几何纹饰代替了禽兽图案,并且大多无铭文带。简化规矩镜采用“T”“L”“V”形符不同时出现的纹饰构造方式,有的钮座之外只留有“T”形符,保留四个乳钉及一些线条纹饰;有的留有“T”形符和“V”形符;还有更为简单的纹饰布局,只留有某些矩形符。简化规矩镜一般没有铭文带,只有少数装饰有羽人、飞鸟等纹饰。

图1-13　汉代鸟兽纹规矩镜

图1-14　汉代几何纹规矩镜

规矩镜在汉代极为流行，出土数量众多，尤其是“T”“L”“V”形符中蕴藏的人文意味令人着迷，吸引中外学者著述探讨。很多学者认为规矩纹与汉代颇为流行的“六博”游戏有关。“六博”是古代的棋类游戏，自秦汉时期开始盛行。参与者投掷骰子行棋，目的是夺得更多的筹，而“六博”之名就是从这种游戏所使用的六根博箸而来。考古人员曾经在长沙马王堆三号墓、湖北云梦睡虎地秦墓群等秦汉时期墓葬中发现了游戏所用的博局盘[1]（图1-15）和道具。《说文解字》：“簙，局戏也，六箸十二棋也。从竹，博声。古者乌曹作簙。”也就是说早在夏桀时代乌曹就发明了这种博弈游戏。更有《史记》记载了吴王刘濞的儿子陪皇太子玩“六博”游戏，结果被杀的事件，“博，争道，不恭，皇太子引博局提吴太子，杀之。”可见“六博”游戏在当时人们生活中的重要地位。“六博”之所以被很多学者认为与规矩纹饰相关，是因为其棋盘（即博局）上“T”“L”“V”字形的曲道（即棋路），其布局方式与规矩镜上的纹饰极为相似。

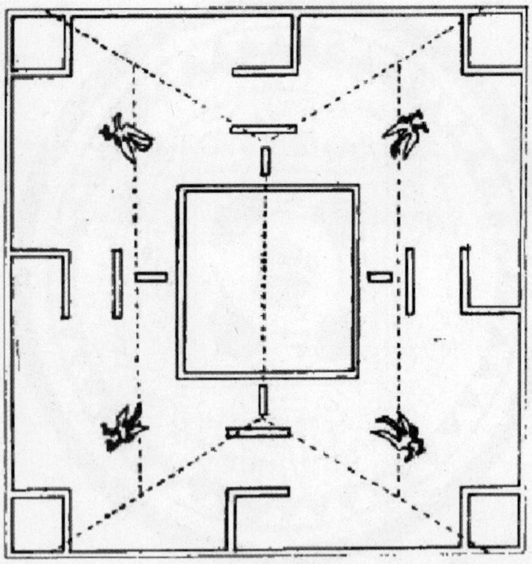

图 1-15　博局图

---

❶ 熊传信 . 谈马王堆三号西汉墓出土的陆博 [J]. 文物，1979（4）：35-39.

除此以外，这种“T”“L”“V”形纹饰布局在观测天象的日晷上也有发现。国家博物馆收藏的汉代托克托日晷（图1-16）向我们呈现了这种器物的基本纹饰。与“六博”博局相同，日晷的晷面上也刻有“T”“L”“V”形纹饰，并且布局方式与博局相同。古人将日晷作为研究天文和历法的器物，日晷因而具有了使人间与天地相互联系的神秘意味。《史记·龟策列传》有记载：“规矩为辅，副以权衡。四维已定，八卦相望。”在古人看来，宇宙有四维，天就盖在我们的头上，这个硕大的盖子的四维八方一定有像绳子一样的东西来固定它，而这些固定宇宙的绳子就逐渐演变成了“T”“L”“V”形的纹饰符号。日晷上这类纹饰所具有的神秘意味也使得规矩镜、博局带有了“知天”的哲学思想。[1]《后汉书·五行志》曾载：“哀帝建平四年正月……其夏，京师郡国民聚会里巷阡陌，设祭张博具，歌舞祠西王母。”可见，“六博”也曾经起到过祭祀天地的作用。

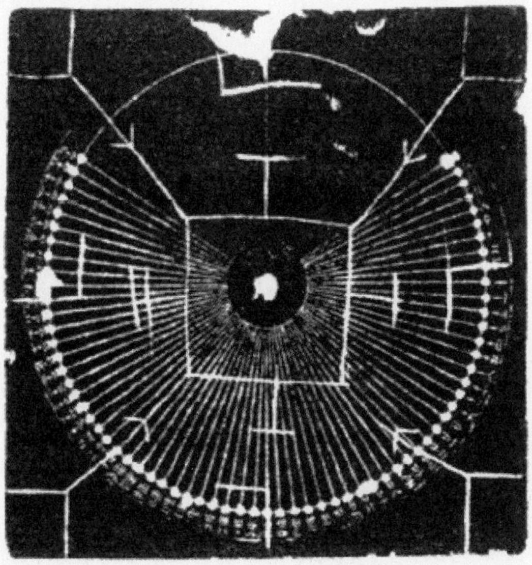

图 1-16　汉代托克托日晷

[1] 孙机．托克托日晷 [J]. 中国历史博物馆馆刊，1981（3）：74-81.

从对日晷以及博局上的纹饰考察，我们可以读出规矩纹饰中蕴藏的与宇宙天地相交通的人文理想。众多中外学者也曾作出过规矩纹饰与宇宙天地间象征关系的研究推论。日本学者驹井和爱从“天圆地方”的中国传统哲学观念出发，认为“L”和“T”形符各自代表了天地四方，而“V”形符代表四维的天，“T”“L”“V”形符因此被称为规矩隅角文。西方学者伽马认为规矩镜中央的镜钮象征中国居于宇宙中心，镜钮周围的方格带代表地，“T”形符象征四方，四个“V”形符象征四海，弯曲的“L”形符是阻止魔鬼侵入的门，钮座之外的乳钉代表支撑天空的立柱。结合铭文中有“子孙备具居中央”的字样，正体现了汉代人与宇宙相沟通，希望长生永续的人生理想。日本学者林巳奈夫根据《淮南子·天文训》“（共工）怒而触不周之山，天柱折，地维绝”以及女娲补天等传说故事，认为镜钮周围的方形框表示大地，“T”形符的上横线代表天之极的梁架，竖线代表支撑梁架的柱子，因此四个“T”形符代表天之四方。常常出现的镜铭十二辰铭文中正南与正北、正东与正西的连接线被称为绳，以“L”形符来象征，“V”形符则连接了未申、戌亥、丑寅及辰巳。

可见，规矩纹饰与宇宙天地之间的关系是学界热议的一类话题，这在某种程度上也与汉代谶纬之学、神仙方术思想的兴盛有所关联，它一方面将儒学宗教化，另一方面又推动道教经由“天道自然”的朴素观念步入希求生命绵延不绝的目的论范畴。不仅是规矩纹饰，从铜镜铭文中也可窥见一斑，如“左龙右虎辟不羊（祥），朱鸟玄武顺阴阳”，“上有仙人不知老，渴饮玉泉饥食枣”，以及“子丑寅卯辰巳午未申酉戌亥”等内容，这些凝聚了阴阳五行学说和神仙思想的艺术造物，既是社会思想意识形态的反映，也为规矩镜本身赋予了一层神秘色彩。

除了宇宙天地思想之外，很多学者也从艺术形式的角度指出，规矩纹饰与其他种类的铜镜纹饰有密切关联。如日本学者梁上椿指出，规矩纹饰是由战国时期的山字镜中的山字纹、蟠螭镜中的蟠螭纹衍变而来的；另一位日本学者中山平次郎则在《古代支那镜鉴沿革》中指出，规矩纹饰是由西汉时期流行的草叶纹镜中的植物纹饰变化而来的；还有学者认为规矩纹饰是自兽纹镜中的兽纹衍变而来的。

国内有学者认为规矩镜纹饰的原始形态最早可以追溯到甲骨文。[1] 作为我国早期一种较为成熟的文字，甲骨文的刻辞往往有数条，每条用直线或“J”形线条分隔开，被称为“界划”，目的是将每条刻辞区分开。商代以降，这些“界划”也常常被用在青铜器铭文、竹简或帛书上，并发展成为“一”“|”“L”形符，起到行文断句的作用。因而有学者推断规矩纹饰中的“T”形符就是“一”和“|”两种分隔符的组合形式，比如处于河北省平山县战国中晚期中山国墓就曾出土了一组石雕板，其中规矩纹饰与饕餮纹等穿插布置，规矩纹饰的布局方式已经与规矩镜纹饰布局方式极为相近，而“T”形符的横、竖两个部分呈现上下分离的状态。这种两个部分分离的状态后来相互连接，发展为规矩纹饰中的“T”形符，而“L”形和“V”

[1] 王敬．“规矩纹”铜镜考辩 [J]. 南方文物，1991（3）：36-37.

形这两种符实际上是同一种，早已存在，并在甲骨文中初现端倪。因而规矩纹饰的三种字母形纹饰从甲骨文中的“界划”衍变而来，在铜镜中也具有分隔镜背纹饰布局的作用。

不论是与宇宙天地相关的人文推测，还是从艺术形式角度做出的纹饰衍变分析，乃至对更为久远的甲骨文“界划”考察，国内外学者对于汉代规矩镜纹饰所做的多种解读，都从不同视角为我们揭示了这种抽象图样的丰富内涵，为后世学者拓展研究思路提供了基础和动力，也为人们了解汉代社会生活和文化的独特风貌提供了多元路径。

（本文作者：刘静芝）

西汉铜镜铭文研究

《旧唐书·魏徵传》中说：“夫以铜为镜，可以正衣冠”，自古以来，铜镜作为日常生活用品，因能照出人的形象而被赋予了“借鉴”的内涵，进而逐渐被视为一种精神象征。随着生产力的发展，铜镜的制作工艺也渐趋精致，装饰设计感也越来越明显。在铜镜上刻铸铭文是一种常见的装饰方法，自战国始有铜镜铭文，至西汉早、中期铜镜铭文成为一种较普遍的现象。据王士伦考据，从西汉晚期到东汉末，铭文空前盛行，书体也由原来的篆体或隶中带篆，演变为成熟隶书。[1]

单从书体演变的情况来看，由秦篆向汉隶的转变并非是一蹴而就的，在时间轴上可以将西汉视作从秦至汉两个时间节点之间过渡的重要时期。西汉时期，大量的碑版石刻文字固然是研究书体转变的重要材料，但作为辅助材料，铜镜铭文的价值同样不容忽视。刻铸在铜镜上的铭文内容，以及刻铸铭文的书体，与当时的社会环境和社会上的时尚书风有着密切的关系。

西汉早期，从汉高祖到文、景二帝因为采取“轻徭薄赋”“与民休息”的政策，社会安定，经济繁荣，出现了历史上著名的“文景之治”。在如此平和安逸的社会大环境下，铭文铜镜也逐渐脱离了先秦青铜器神秘、诡谲的局限，表现出更多的世俗化精神。从铭文内容就可以看出，从这一时期开始，人们更加关注现实生活中的乐趣以及世俗的享乐。这一时期的铜镜铭文内容以富贵长寿类的题材为主，可见当时人们对于富贵、长寿更现实的渴望与追求。

现藏于上海博物馆的“大乐富贵，得所好，千秋万岁，延年益寿”铜镜，这款铜镜上的铭文虽小但内容表现相当直白，富贵、长寿的愿景一样不缺，与此类似的铭文有现藏于淮南市博物馆的“大乐贵富，得所喜，千秋万岁，宜酒食”铜镜[2]，同样寄托的是富贵喜乐、长命百岁的愿景。除了大量关于富贵长寿类的铭文之外，还有具体描绘富贵人家生活享乐场景的“常贵富，宜酒食，竽瑟会，美人侍”铭文。在汉代画像石、画像砖中也有大量表现乐舞、宴乐场景的作品，可见宴饮享乐也是汉代艺术作品中较为常见的一类题材。此外，还有“常贵富，乐未央，长相思，毋相忘”铭文，这种与“相思”有关的铭文题材，在汉代铜镜中也比较常见，这很可能是恋人相爱时双方共同誓言。另外，也有铭文字数较少，语言简短通俗的一类铜镜，如“家常贵富”铜镜、“常乐富贵”铜镜、“与天相寿”铜镜等。

西汉早期铜镜仍以纯纹饰铜镜为主，少量有铭文的铜镜铭文尺寸较小，起点缀装饰的作用，与刻铸在碑版石刻上的文字不同，铜镜铭文往往表现出更强的装饰设计意味，风格也更加丰富多变，往往会与铜镜上的图案纹饰相配合。从目前存世的铜镜可以看出，西汉早期的铜镜铭文延续了秦代小篆书体，像“大乐富贵，得所好，千秋万岁，延年益寿”铜镜铭文，以及“大乐贵富，得所喜，千秋万岁，宜酒食”铜镜铭文，字形颀长，左右基本对称，笔画虽然纤细、圆转，但不乏凝重沉稳的韵味，文字结构匀称、规整，并没有因为局限在方寸之间就有丝毫马虎，整体来看带有秦代小篆《峄山刻石》的风格，表现出古朴

---

[1] 王士伦．浙江出土铜镜 [M]. 文物出版社，1987（1）：23.

[2] 徐孝忠．安徽淮南市博物馆收藏的几件古代铜镜 [J]. 文物，1993（4）：87.

圆转，工整规范的审美特征。值得注意的一点是，汉代由于用字不够规范，再加上由于铜镜制作过程中工匠的文化水平有限，经常会出现通假字、错别字等情况。目前可以发现的通假字如铭文“内青以召”中“青”原是“清”，“召”原是“昭”；错别字如“四祭像元”中“祭”原是“气”，类似问题在西汉后期的铜镜铭文中仍然存在。

西汉中期，景帝之后到宣帝之前，铜镜的数量和制作工艺较之前都有较大程度的提高，与战国时期的抽象风格相比，铜镜的纹饰也变得更加写实，更加贴近生活，像这一时期铜镜上常用的花瓣纹、草叶纹、星云纹等纹饰大多是对于现实生活中客观事物的模仿与再现，铜镜铭文也相应地更加追求装饰设计效果。这些铜镜铭文在内容上大多借助寓意吉祥的辞藻来表达对自然力量的敬畏以及对君主的称颂，其中最常见的是以“日”为主题刻铸的铭文，比如“见日之光，天下大阳，服者君卿，常贵未央”铜镜，铭文大意是说太阳的光芒照耀天下，太阳的运势象征着当朝的走向，君主之德也如阳光一般令众人服膺，国家因此得以长盛不衰。除此之外，还有几面铭文为“见日之光，天下大明”的铜镜存世，[1]当时的工匠在铭文之间添加了装饰性的设计，或装饰斜线方块，或装饰花纹，或装饰三角回文，工艺更加繁复。现藏于上海博物馆的“见日之光，长毋相忘”铜镜，当被阳光或者其他平行光照射时，可以在铜镜正面呈现背面的纹饰与铭文，就如同有光线从铜镜间透过一般，足见其制作工艺的精湛。

这一时期的铜镜铭文字形依旧匀称，但与前一时期相比变圆润为方正，这种微妙的变化正是铜镜铭文从篆书向隶书过渡的重要证据。铭文笔画平直，每个字整饬有度，与印章上常用的缪篆文字如出一辙，可以称得上是铜镜中的缪篆体。缪篆作为六种书体名称之一，最早见于《汉书·艺文志》。许慎在《说文解字·叙》中说“五曰缪篆，所以摹印也”，说明缪篆也是印文的一种书体。颜师古在其所注《汉书·艺文志》中认为：“缪篆谓其文屈曲缠绕，所以摹印章也。”[2]这直接指出了缪篆的特点正是四肩方正、线条盘曲可折，笔画、结构匀称饱满，这刚好符合在四方空间治印的需求，铜镜铭文虽然没有被有限的空间限制，但铭文整体是方正形制，也因为这样的审美需求，势必会改变字体原有的结构，或增减笔画，或移位偏旁部首，比如“见”字的上半部由原来圆润的形状变成类似“目”字的方形，下半部的曲线变形成盘曲方折状。再比如“昭”字会将上半部的转弯变成直角，形成方折的“日”字和类似镜像的“E”字，下半部抹去“口”两边的凸出部分形成一个平直的方形。铭文偏旁部首和笔画的变化，反映了当时书体的演变过程，缪篆在铜镜铭文的篆、隶书体过渡中起到了重要的作用。

铜镜铭文所表现出的避复字情况，也是推动书体变化的一个原因。徐宝贵曾在《商周青铜器铭文避复研究》中写道：

> 如在同时同地所铸所刻的同一篇铭文中，一些重复出现的字就有各种各样的变化，在这里，我们姑且把这种变化称作“重出字的变形避复”。这种“变形避复”不是铸铭者随意所为，而是为了追求一种审美要求所做的艺术加工。[3]

---

[1] 白云翔 . 西汉时期日光大明草叶镜及其铸范的考察 [J]. 考古，1999（4）：65.

[2] 班固 . 汉书：卷三十 [M]. 北京：中华书局，1962:1722.

[3] 徐宝贵 . 商州青铜器铭文避复研究 [J]. 考古学报，2002（3）：261.

在避复的过程里，减省笔画是最常见的方式，比如“清”字，有时会省去竖画，有时会省去横画，有时会省去部首的点画。如果将避复的篆书“清”字和隶书“清”字对比就会发现，两者或多或少总有一些相像。避复的字为之后的工匠提供了范本，他们或从前人铜镜铭文中选择最佳字体继续避复，或自己再次进行创造，如此循环就丰富了铭文的形式，对于书体的变化大有裨益。从数量上来看，铜镜铭文中避复字并不占主流，但创造避复字的方法却给书体变化带来了新的思路，除了减省笔画，还要兼顾美观以及与铜镜纹饰的协调，这在一定程度上促进了铜镜铭文书体的变化。

另一方面，铜镜铭文书体的变化也受纹饰影响。铜镜的纹饰与铭文并不只是简单的位置搭配，更是审美层面上的统一。随着铜镜制作技术越来越成熟，刻铸纹饰的技法随之丰富，可以推想出刻铸铭文的技法也会丰富。西汉早期铜镜的篆书铭文笔画粗细匀称，中期铜镜的缪篆笔画已经有了粗细变化，工匠下刀刻字时，每一处笔画之间微妙的变化都足以让铭文看起来更遒劲、生动，和纹饰也更加协调。

西汉后期，铭文在铜镜上的位置更加重要，逐渐成为铜镜的主要装饰。常见的仍有“见日之光”铜镜，另外还有昭明镜、清白镜、铜华镜等。铜镜铭文的字数也越来越多，书体更加向隶书靠拢，在西汉末年的铜镜上已经出现了成熟的隶书。

昭明镜是指铭文内容为“内清质以昭明，光辉而象夫日月，心忽扬而愿忠，然雍塞而不泄”的铜镜。前两句大意为铜镜质量很好，光彩像日月一样；后两句则是表达心情不畅、幽怨低回，整句话显然是在借铜镜自喻，表达内心的苦闷与不悦。这种情绪的变化与当时社会不安有关，社会矛盾激化，人们内心消极的态度自然而然地会表现在铜镜的铭文里。由于文字过多，有时如果铜镜尺寸不够大，会删减铭文的字数。有的铜镜还有两圈铭文，比如内圈铭文刻“内清质以昭明，光辉象夫日月，心忽”，外圈铭文刻“扬而愿忠，然壅塞而不泄，怀靡美之穷皑，外承驩之可说，慕窈窕之灵景，愿永思而毋绝”，目的就是为了可以将文字内容更完整地呈现。

清白镜，又称精白镜，因铭文前几字中有“清白”或者“精白”得名。常见的铭文内容有如“洁清白而事君志污之弇明玄锡之泽汉日忘美人外承可兑灵□”，这句话源于儒家洁清自矢的观点，大意为人要有好品德才能服务他人，表达了一种政治追求。据日本学者梁上椿研究，清白镜铭文的全文应该是“洁清白而事君，怨阴驩之弇明，焕玄锡之流泽，志疏远而日忘，慎縻美之穷皑，外承驩之可说，慕窈窕之灵泉，愿永思而毋绝。”❶但一般情况下不写全文，或因字体不清晰而误读成其它字。

铜华镜的铭文多为“湅冶铜华清而明，以之为镜因宜文章，延年益寿去不羊，与天无极而日月之光，乐未央”，有时后几句会有改动。从内容来看，西汉后期人们仍有对“日”的崇拜，也更加关注现实生活，对长寿、吉祥的追求也更加直白。

这一时期铭文的装饰设计意味更强，甚至出现了在铭文中间添加文字或装饰符号的情况，这纯粹是为了让铜镜整体更加协调、美观，并没有特别实际的意义。就像“内清以昭明，光象日月”铜镜，铭文中间会增加“而”和“口”字作为装饰，使之成为“口内而清而以

❶ 程林泉，韩国河 . 长安汉镜 [M]. 西安：陕西人民出版社，2002:119.

而昭而明而光而象而日而月”。“目哉”博局纹镜的出土，[1]揭开了铜镜铭文向隶书转变的新的篇章。在这面铜镜的外圈出现了成熟的隶书，文字扁平方正，隶书韵味十足，标志着铜镜铭文的隶变已经完成。

这一时期，铭文作为文字有表意的作用，作为图像有装饰铜镜的作用，同时也具备了书法的审美特征，加之隶变的完成，这就意味着铜镜进入到了新的发展阶段。从中期缪篆到晚期的成熟隶书，铜镜铭文的隶变过程漫长且复杂，缪篆通过“增减改易”，最终实现“与隶相通”的结果。桂馥在《再续三十五举》中说：“《说文》所无之字，见于缪篆者，不可枚举，缪篆与隶相通，各为一体，原不可以《说文》律之。”[2]比如同样是“见”字，缪篆与隶书比较，上半部“目”没有变化，而下半部笔画有所减省，变成一笔短小的撇画和一笔硕大的捺画。再比如“之”字，缪篆要比小篆更加方正扁平，隶书在笔画上进一步减省，原来瘦长的竖画变成点画，原来分开的横画变成连贯的折画，这一演变的过程同样离不开避复字、纹饰的影响。

与手写书体完成隶变的时间相比，铜镜铭文完成隶变的时间比较晚。裘锡圭先生曾根据历史资料得出“战国晚期是隶书形成的时期”的结论。[3]篆书向隶书过渡是一个必然趋势，但从“目哉”博局纹镜来看，西汉铜镜铭文完成隶变要延迟到西汉末期，并没有跟上当时社会的潮流。按照常理来说，铜镜的制作周期并不长，铜镜铭文的书体变化为何会如此滞后呢?裘锡圭认为“在从武帝到宣帝时代的铜器上，也可以看到隶书书体由古隶演变为八分的过程。不过，有些刻在铜器上的八分，没有把毛笔书写的八分的特色充分表示出来。”[4]裘锡圭以宣帝时期阳泉使者熏炉的铭文为例，来佐证自己的观点。阳泉使者熏炉的铭文隶化程度很深，基本完成隶变。这说明隶变与书写材料并没有直接关系，青铜器上照样可以铸造出成熟的隶书书体。因此可以推断出，当时的铜镜铭文并非毫无隶变的特点，只不过没有充分体现出来。西汉正是书体变化的过渡阶段，各种书体共存甚至杂糅也是正常现象。比如西汉武帝时代阳信家铜杯的铭文仍是以小篆为主，西汉成帝时代上林铜鉴的铭文风格与昭明镜铭文的书体也比较相似。所以，并不是只有铜镜的铭文发展滞后，其它种类的青铜器铭文也有隶变滞后的情况存在。如果执意用手写书体的发展情况来衡量铜镜铭文，则未免有失偏颇。

西汉时期铜镜的铭文作为当时社会上书体变化中的一个类型，与其它形式载体的文字共同推动了整个时代的文字演进过程。从铜镜历史发展的角度来说，西汉铜镜铭文存在的意义非比寻常，它承载着铜镜铭文由秦篆到汉隶的演变过程，这可以看作是当时社会书体变化的一个缩影，也是一个历史阶段的社会缩影。铜镜因为特殊的材质和较强的装饰设计意味，使得刻铸在铜镜上的铭文呈现出不同于其它文字载体的别样风采。

（本文作者：路韶康）

---

[1] 刁淑琴．洛阳市道北西汉墓出土一件博局纹铜镜 [J]. 文物，1999（9）：89.
[2] 顾湘．篆学琐著 [M] 刻本．海虞：顾湘翠，1840（清道光庚子年）.
[3] 裘锡圭．文字学概要 [M]. 北京：商务印书馆，1988:67.
[4] 裘锡圭．文字学概要 [M]. 北京：商务印书馆，1988：80.

唐代海兽葡萄纹镜研究

中国古代的铜镜文化源远流长，到了唐代，随着经济、政治的繁荣强盛以及工艺水平的大幅提升，铜镜制造也日益繁盛。海兽葡萄纹镜是众多种类的唐镜中数量最多、最为著名的一种。它以圆形为主，间或有方形或菱花形，图案纹饰主要由海兽及葡萄组成，间以小型蜂蝶、飞鸟，体现了唐代中兴时期中外文化相互碰撞、交融的时代特点。

对于铜镜上海兽纹的来历一直是众说纷纭，但“海”字所代表的含义是明显的，即从域外而来。这实际上要追溯到“狮子”这一外来物种登陆中原的过程乃至形象变迁史。中原地区本没有狮子这一物种，它是东汉时期西域进献的贡品，早期的《汉书·西域传上》就有记载，“乌弋地暑热莽平，……而有桃拔、师子、犀牛”❶，“师子”这一称呼在隋唐时期逐渐定名为“狮子”。随着狮子在中原越来越多地出现乃至被豢养，狮子这一形象也开始出现在民间工艺品和建筑装饰中，甚至作为一种符号传递着更加独特的含义。《抱朴子内篇》卷二十就曾提及：“又有神兽，名狮子辟邪、天鹿焦羊，铜头铁额，长牙凿齿之属，三十六种，尽知其名，则天下之恶鬼恶兽，不敢犯人也。”可见，在人们心目中，狮子虽然野性凶猛，但却有庇护、守护的意义。因此，工匠们将狮子做成石雕、木雕等来装饰建筑物，比如瑞狮咬剑这一形象，是一只怒目圆睁的狮头，口含一柄宝剑，大多被装饰在门面、照壁等处，用来辟邪和破解风水上的一些忌讳；还有民间立于街巷路口的狮头石敢当，以狮头立于一处小石碑之上，用以镇邪避灾；古代墓葬中也曾有人将狮子作为辟邪的神兽随葬。

从文化心理上讲，狮子形象在中国的演变主要源于民间的灵兽崇拜心理。中国古代，猛虎、祥凤等形象都被赋予了一层神话的色彩，龙的形象更是由多种生物特征组合而成，成为了一个能够上天入地的图腾般的存在。狮子虽然凶猛，但也在这一文化心理的推动下，演变成了一种祥瑞辟邪的文化符号，符合中国人含蓄内敛、崇尚和谐的民族心性。这同时也与佛教在中国的传播有关，魏晋南北朝时期，“南朝四百八十寺”，来自印度的佛教日益繁盛，佛寺林立的同时，印度化的狮子形象也随之盛行。狮子在佛教中以护法使者和菩萨坐骑的形象出现，这种护卫者的角色极易为中国人所接受。尤其是自隋唐以来，异域进贡而来了狮子，驯狮这一西亚传统娱乐项目也一同传入了中国，于是被驯服的狮子出现在宫廷表演等场合，成为了供王公贵族娱乐消闲的爱宠。狮子形象也越来越本土化，成为了接近于猫狗、麒麟等本土符号的瑞兽，更加符合国人的审美趣味。李白在《上云乐》一诗中就写道：“五色师子，九苞凤皇。是老胡鸡犬，鸣舞飞帝乡。”将狮子譬喻为犬，可见狮子形象已经日益亲民。唐代杜佑也曾撰文描述贵族皇亲玩乐狮子的场景：“《太平乐》，亦谓之五方师子舞。师子鸷兽，出于西南夷天竺、师子等国。缀毛为衣，象其俯仰驯狎之容。二人持绳拂，为习弄之状。五师子各依其方色，百四十人歌《太平乐》，舞抃以从之，服饰皆作昆仑象。”❷这些歌舞宴乐戏狮的生动场景，说明凶猛的狮子在东方古国已经褪去了神武的色彩，变得更具中原趣味，成为了快乐、吉祥、蒸蒸日上的象征。

---

❶ 班固 . 汉书 [M]. 北京：中华书局，1991:645.

❷ 杜佑 . 通典 [M]. 北京：商务印书馆，1935：761.

图 1-17 新疆民丰出土东汉墓葬走兽葡萄纹绮

唐代是狮子艺术形象极具观赏性的时代，海兽葡萄纹镜中的狮子一般有较为肥大的头部，这就体现了唐代的审美趣味，所谓“十斤狮子九斤头”，具有辟邪功用的神兽在这一时期的铜镜上更像供人把玩的吉祥物。而且唐代工艺设计往往喜欢用夸张、变形等手法，不求形似，但求神似，就更增添了海兽这一吉祥符号的艺术价值。

海兽葡萄纹镜中的葡萄纹饰源于由西域引进的农作物葡萄，这种异域作物在唐代已经获得了广泛种植，唐诗“葡萄美酒夜光杯”中可见一斑。葡萄种植和酿酒工艺的日益发展，也推动了葡萄纹饰的艺术化呈现。事实上，在东汉时期的墓葬里人们就曾经发现了葡萄纹饰，并且有走兽和葡萄纹饰的组合形态（图 1-17）。南北朝时期葡萄纹饰日益增多，因为寓意多子多福，逐步得到百姓的广泛喜爱。在唐代葡萄纹饰相当流行，开始广泛出现在铜镜、陶器以及纺织品中，并且与动物纹饰多元结合，创造了众多富有时代特色的艺术作品，海兽葡萄纹镜即是其中之一。

图 1-18 西安东郊韩森寨
第 48 号唐墓出土的海兽葡萄纹镜

唐代的铜镜品种繁多，海兽葡萄纹镜正处于瑞兽镜与花鸟镜之间的过渡阶段。瑞兽镜流行于隋至初唐，以瑞兽纹饰为主，间以蔓草、葡萄等纹饰。海兽葡萄纹镜受到瑞兽镜的影响而发展起来，并间以飞禽、蜂鸟纹饰，开启了唐代花鸟镜的序幕。这种承先启后的地位使得海兽葡萄纹镜体现出较高研究价值。

海兽葡萄纹镜的纹饰布局主要分为内区和外区两个部分，内区以瑞兽为主，外区为葡萄枝叶以及飞禽等，按照纹饰类型可以分为五种样式。[1]

第一种样式，如 1955 年西安东郊韩森寨第 48 号唐墓出土的海兽葡萄纹镜[2]（图 1-18）。镜钮和钮座均为圆形，四只瑞兽在镜子内区围绕镜钮奋力奔跑。这种样式的铜镜代表了海兽葡萄纹镜发展的初期形态，并有其自身特点，即瑞兽奔跑的形体自然舒展，与初唐时期的艺术风格相似，内、外区以宽棱线隔开，葡萄果实纹饰及飞鸟纹饰只分布于镜子外区，棱线及镜子边缘以斜立状锯齿纹装饰。

---

❶ 徐殿魁 . 唐镜分期的考古学探讨 [J]. 考古学报，1994（3）：305-306.
❷ 陕西省文物管理委员会 . 陕西省出土铜镜 [M]. 北京：文物出版社，1959:119.

第二种样式，如 694 年河南偃师杏园村李守一墓出土的瑞兽葡萄纹镜[1]（图 1-19）。镜钮为海兽状，镜子内区环绕四只瑞兽，体态舒展，瑞兽之间的空隙以葡萄枝叶及果实填充。外区向边缘扩展依次为十只长尾鸟同向连续排列形成的内环，以及由十二串葡萄果实连续排列形成的外环，并有葡萄枝叶与果实穿插。与第一种样式相比，这种铜镜的纹饰及布局开始发生变化。圆形镜钮被瑞兽钮取代，瑞兽的形体更加丰满，且其间穿插装饰葡萄花枝，葡萄纹与海兽纹融合更加紧密；分隔内、外区的棱线变为双排；镜子外区仍以葡萄果实纹饰及飞鸟纹饰装饰，但镜子边缘较高且无斜立状锯齿纹。这一样式厘定了海兽葡萄纹镜的基本形态。

图 1-19　河南偃师杏园村李守一墓出土的瑞兽葡萄纹镜

第三种样式，如 698 年西安独孤思贞夫妇墓出土的铜镜[2]（图 1-20）。镜钮为伏卧海兽，内区有六兽环绕戏耍，外区以葡萄枝叶果实与飞鸟、瑞兽、蜂蝶纹饰间隔出现。内区与外区之间以一圈凸出棱线分隔，镜子边缘用花朵纹饰环形排布一周。这一样式出现在海兽葡萄纹镜最为盛行的阶段，其特点是镜子内区海兽的数量有所增多，同时在前期纹饰的基础上，镜子外区还增加了蜻蜓、蝴蝶等纹饰，这些纹饰与飞鸟、瑞兽相互交织，装饰性纹饰更加丰富，较前代有所创新，并且铸造的工艺更加精细考究，代表了这类铜镜已发展到了成熟阶段，也反映了当时蒸蒸日上的社会形势。

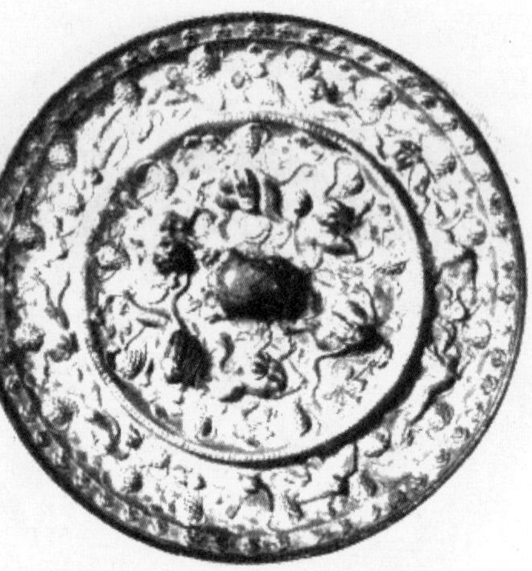

图 1-20　西安独孤思贞夫妇墓出土的铜镜

---

[1] 徐殿魁 . 河南偃师杏园村的六座纪年唐墓 [J]. 考古，1986（5）：429-457.

[2] 中国社会科学院考古研究所 . 唐山安城郊隋唐墓 [M]. 北京：文物出版社，1980：图版 60.1.

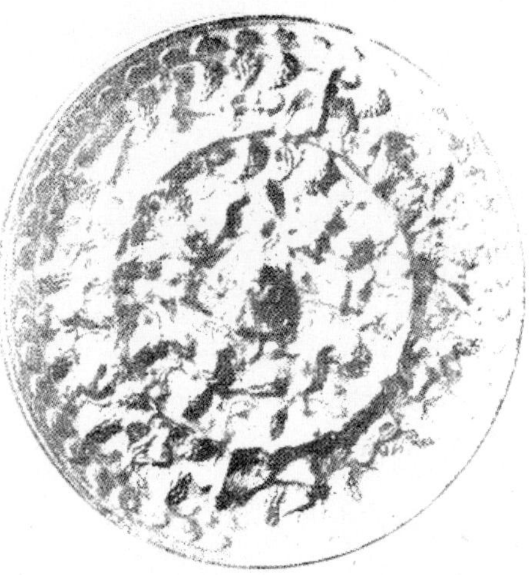

图 1-21　洛阳安菩墓出土的海兽葡萄纹镜

第四种样式，如 709 年洛阳安菩墓出土的海兽葡萄纹镜[1]（图 1-21）。镜钮仍为伏卧海兽，内区除四兽环绕戏耍外，还有四只禽鸟飞舞的纹饰，内、外区之间凸出的棱线较以往变窄变矮。内区的葡萄藤纹饰由内向外延伸，漫过棱线，即出现了“过梁”的设计手法。同时，镜子纹饰中的葡萄果实较以往明显变小，但外区葡萄纹饰的结构更为写实流畅，蜂鸟飞舞，瑞兽嬉戏其间。镜子边缘还以花朵纹饰密布一周。这一样式的海兽葡萄纹镜延续了前代欢腾雀跃的设计意境，动植物造型布局的动势更加夸张，并且出现了“过梁”的设计手法，以藤蔓缠绕、蔓延的方式突破了前期高高凸起的棱线设计，更加自然灵动。

图 1-22　偃师杏园村卢氏墓出土的海兽葡萄纹镜

第五种样式，如 722 年河南偃师杏园村卢氏墓出土的海兽葡萄纹镜[2]（图 1-22）。镜钮仍为伏卧海兽，内区四兽攀附于葡萄藤蔓之间，内、外区之间的棱线以葡萄藤蔓缠绕，外区装饰有葡萄枝叶及果实，另有四只飞鸟穿插其间，镜子外缘处以云状的花朵纹饰环形装饰一周。总体来说，这一样式的铜镜虽然沿袭了前代欢腾雀跃的设计意境，但铸造工艺较为粗糙，可以看出，此时的海兽葡萄纹镜开始步入后期，逐渐衰落。

另外，如果按照镜子形状来分，也可以将海兽葡萄纹镜分为圆形、方形和菱形三种，其中圆形数量最多，纹饰最丰富，方形和菱形数量较少。

唐代是中国历史上的中兴时期，时代风气富于创新，在这一时期品类繁多的铜镜中，海兽葡萄纹镜体现了它承先启后的重要价值，它继承了瑞兽镜，并为花鸟镜打下了基础。研究其纹饰变化的过程和规律，有助于我们更为清晰地把握唐代社会风尚的变化。同时，它具有兼容东西、兼收并蓄的特点，承载了诸多历史话语和文明遗藏，因此在业界有“多谜之镜”之称，可谓镜中有乾坤。

（本文作者：汪闻远）

[1] 洛阳市文物工作队 . 洛阳龙门唐安菩夫妇墓 [J]. 中原文物，1982（3）：24-29.
[2] 徐殿魁 . 唐镜分期的考古学探讨 [J]. 考古学报，1994（3）：306.

中国古代铜镜上的浮雕艺术

早在战国时期，浮雕作为一种艺术表现技法在铜镜纹饰构造方面就已经得到了运用。浮雕与透雕、金银错等工艺配合运用，达到了较高的艺术效果。如洛阳金村出土的嵌石四虺透镜、金银错狩猎纹镜等，都是此类技艺打造的珍品。相关的工艺技术也潜在地影响到了两汉时期的铜镜艺术。

经历了春秋战国时期的发展阶段，中国古代铜镜艺术进入到了两汉的鼎盛时期，在艺术表现技法和形式方面均获得重要发展。汉代铜镜在西汉早期保留了战国时期铜镜的很多特点，如使用地纹、蟠螭纹等；此后，在西汉中期、西汉末期、东汉中期等历史阶段产生了诸多重要变化，其中，浮雕技法在铜镜上的广泛运用就属此类，它中兴于东汉中期以后，并在汉唐时期获得持续发展。

东汉中期以前，汉代铜镜纹饰的表现技法仍然以“线条式”为主，也就是以单线条方式来勾勒主题纹饰，如重圈铭文镜、连弧纹铭文镜、草叶纹镜、规矩纹镜等。直至西汉晚期，四神、禽鸟、瑞兽等更加形象化的纹饰图案涌现，这些生动活泼且具有较强现实感的生命形象，不仅在此后很长一段时间内成为铜镜的主要纹饰，而且昭示着此后更具世俗意味的视觉题材的出现，以及与此相契合的浮雕技法的广泛运用。

东汉中期以后，浮雕技法就开始在神兽镜、龙虎纹镜以及画像镜等主题铜镜中使用。这种雕刻技法一改以往平面化的视觉语汇，以半立体的方式凸显着人们观念中的神仙世界，以及与此相反相成的世俗渴望。

神兽镜是汉代出现的新纹饰镜，多以青龙、白虎、朱雀、玄武四类神兽为主题，伴以神仙题材纹饰，常以浮雕技法表现。兽类纹饰大多是对生活中常见禽兽做夸张和艺术化处理。与此前流行于战国时期、延续于西汉前期的蟠螭纹镜有所不同，蟠螭纹渗透出一种狰狞、神秘的原始拜物氛围，还未脱离自然神崇拜的气息，而汉代的神兽镜题材虽来自于神话传说及人们对于神兽、灵鸟的想象，但它们大多以具有生活气息的禽兽为基础变形而来，纹饰精致、生动，更具现实感和世俗气质。纹饰以西王母、东王公、钟子期、伯牙等形象出现，体现了汉代人对长生不老的追求，以及对世俗生活的眷恋。此类纹饰与神兽纹饰相间，配合浮雕技法，使铜镜更具写实意味。

神兽镜主要分为重列式神兽镜和环绕式神兽镜。其中，重列式神兽镜（图 1-23）以建安式最为著名，有铭文记载“五帝天皇，白牙弹琴，黄帝除凶，朱鸟玄武，白虎青龙”，“上应星宿，下辟不祥”[1]等内容，日本学者据此认为，神像第一段中央与朱雀并列的是南极老人，第二段是伯牙弹琴、钟子期在侧，镜钮两侧的第三段是西王母和东王公，第四段是掌管长寿的句芒和一旁的黄帝，第五段是与玄武并列的表示北极星的天皇大帝，镜子边缘处装饰有铭文带。

---

[1] 孔祥星，刘一曼 . 中国古代铜镜 [M]. 北京：文物出版社，1984：92.

图 1-23　重列式神兽镜

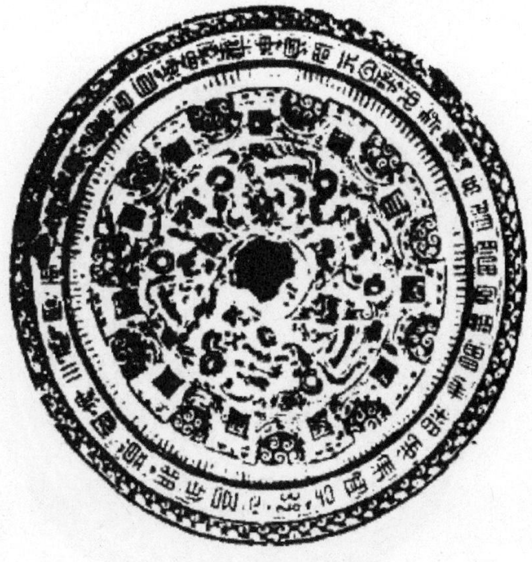

图 1-24　环绕式神兽镜

环绕式神兽镜（图 1-24）又可分为对置式、环状式、求心式等。以环状乳神兽镜为例，铜镜内区布置有西王母、黄帝和伯牙弹琴等内容的群像，还有侍神陪在左右。半圆方枚带布置在神兽外缘，铭文带或画纹带装饰在外沿。画纹带纹饰内容极为丰富，有学者推测这是表现神话传说羲和御车以及日驾六龙等内容。从上述重列式神兽镜和环绕式神兽镜的浮雕纹饰，可以窥见汉代人对生命永续的希冀，以及神话中蕴藏的世俗意味。

画像镜与神兽镜有相似之处，但画像镜缺少神兽镜的铭文装饰带，且浮雕纹饰的立体感稍差，纹饰相对扁平。画像镜的纹饰题材比较广泛，包括历史人物、神人禽兽和神人车马等。

历史人物画像镜以伍子胥画像题材较为常见（图 1-25），整个镜面以四区环绕的方式呈现历史故事，其一为越王与范蠡席地交谈，其二为越王二女着长裙而立，其三为吴王端坐帷帐中，其四为忠臣伍子胥手持长剑置于颈下，怒目而视。铜镜描绘的是春秋末年越王以二女行贿吴太宰伯嚭，吴王听信谗言而伍子胥愤愤自刎的故事。

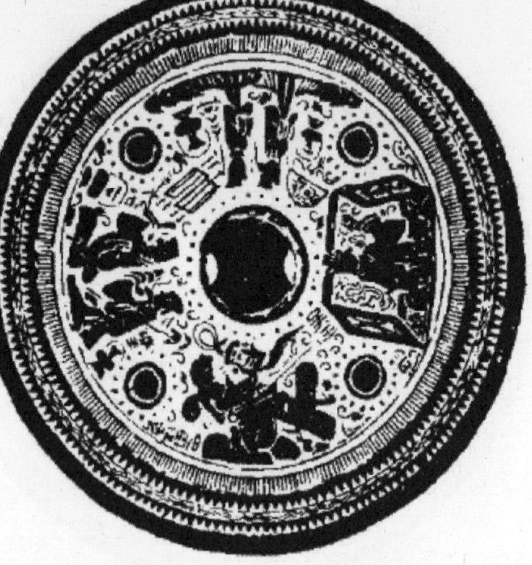

图 1-25　伍子胥画像镜

神人禽兽画像镜同样以四分法布局，内容以瑞兽、神仙为主，如神人与青龙、白虎并置。神人车马画像镜与神人禽兽画像镜类似，也以四分法布局。值得注意的是，在神人题材纹饰中，西王母这一形象频繁出现，其实与汉代道教盛行有关。据《山海经·西山经》和《穆天子传》等古籍记载，西王母是一位长生不老的仙人，她主管刑罚、灾疫，并且拥有长生不死的丹药。这种题材广泛应用在铜镜中，其实反映了那个时代的人们希求长生不死，祈祷家族兴旺的美好愿望。

汉代的龙虎纹镜也属于浮雕纹饰镜，主题纹饰主要是圆雕的龙虎及龙纹，包括龙虎对峙镜和盘龙镜两类。龙虎对峙镜一般是一龙一虎夹住镜钮两侧张口对峙；盘龙镜（图 1-26）以高圆浮雕盘龙为主题纹饰，龙身盘绕且高低起伏，间以水波纹、鸟纹、三角锯齿纹等。

图 1-26　盘龙镜

从神兽镜、画像镜，到龙虎纹镜，浮雕技法在汉代铜镜中得到广泛应用，各具巧思，用生动的艺术创作赋予神兽、神仙写实性和世俗品质。这不仅与汉代道家追求长生不老的传统密切相关，而且与汉代“罢黜百家，独尊儒术”的儒学背景有关，儒学所倡导的孝悌、忠义思想，均与人的现世幸福息息相关，这与道家对生命延续的渴望不谋而合。雕刻技法与纹饰主题均服务于汉代的文化背景，因而相得益彰。

三国魏晋南北朝时期，随着社会环境日趋动荡，铜镜艺术也步入一个缓慢发展的历史阶段。然而这一时期的铜镜虽然没有发展出如前代那般丰富的新类型，但也形成了自身的某些特点。这一时期首先沿袭了汉代铜镜的基本样式，浮雕意味浓郁的神兽镜广为流传。并且在汉代西王母、黄帝等神仙纹饰题材基础上，受当时佛教文化的影响，佛像纹饰流行开来，从三国时期一直延续到西晋，这种具有时代特征的宗教纹饰获得不断发展。由此也可以看到宗教文化与人们日常生活之间的关系，这一时期社会动荡、战乱频仍，颠沛流离的人们只能将生活的希望寄托于神佛的庇佑，而该阶段的神兽镜虽然浮雕造型较前代僵化粗略，仍传递出人们的生命期待。

隋唐时期，铜镜发展步入了一个新的繁荣阶段。尤其是唐代国力日趋强大，人们富于创新意识，铜镜种类也日益繁多。其中，瑞兽镜流传较广，考古发现数量较多。瑞兽镜（图 1-27）在隋至初唐时期较为流行，瑞兽纹饰为主体图案，以葡萄和蔓草等为辅助纹饰。瑞兽镜中的兽很难确指某种兽类，有的似马，有的似虎，还有狐首马身等造型，体现了当时人们对生活的美好期待。瑞兽镜包括瑞兽铭带镜和瑞兽花草纹镜两种，瑞兽铭带镜的内区瑞兽一般分两种形态，一种瑞兽形似虎豹，另一种瑞兽形似狼狐（图 1-28），形态矫健丰腴，环绕镜钮飞奔。外区分布铭文带。瑞兽花草纹镜则以葡萄蔓枝纹、卷草纹等取代了铭文带。

图 1-27　瑞兽镜（1）

图 1-28　瑞兽镜（2）

瑞兽葡萄镜（图 1-29）深受瑞兽镜的影响，以四五只瑞兽及葡萄蔓枝、叶实组合而成，一般内区布置瑞兽浮雕，外区布置飞禽及葡萄蔓枝、叶实。瑞兽葡萄镜是唐代上承瑞兽镜、下启花鸟镜的一个重要镜种，被日本学者称为“凝结了欧亚大陆文明之镜”[1]。它又被称为海兽或海马葡萄镜，“海”即来自域外。海兽的原型与东汉时期西域进贡的狮子有关，野性凶猛的狮子到了中原地区逐渐被豢养起来做表演和娱乐之用，狮子形象也越来越多地出现在民间工艺品中，作为庇护、辟邪的象征。这与中国古代猛虎等灵兽形象的演变相似，都源于人们灵兽崇拜的心理，成为和谐生活的守护者，被赋予了神性与世俗性并存的符号特征。葡萄也是一种自西域引进的农作物，在唐代即广泛种植，这使得葡萄图案也随之在唐代流行开来，人们为它赋予了多子多福的吉祥寓意，并出现在铜镜纹饰中。

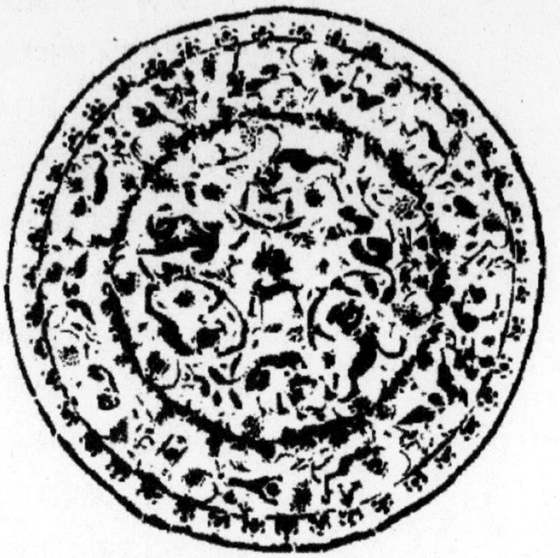

图 1-29　瑞兽葡萄镜

瑞兽纹饰在铜镜史上已有传统，而将其与葡萄纹饰在铜镜中相结合则始于唐代。武则天时期是瑞兽纹饰与花鸟纹饰相交替的重要时期，在瑞兽纹饰中加入受大众喜爱的葡萄纹饰在情理之中，也代表了当时多元交融的开放性时代风尚，中西方文化在一面小小的铜镜中交融与对话。学者徐殿魁曾经按照纹饰类型将瑞兽葡萄镜划分为五种样式，[2]更加细致地剖析了瑞兽葡萄镜在唐代不同历史时期所呈现的纹饰样貌及其与社会发展状况之间的关系，且与时代气息同步。

此后，瑞兽鸾鸟镜（图 1-30）逐步流行。鸾鸟与瑞兽在纹饰布局上占据平等地位，预示着花鸟纹饰即将登上历史舞台。而到了唐玄宗至唐德宗时期，瑞兽主题逐步消失，花鸟纹饰占据主导地位，禽鸟与花枝相互配合的花鸟镜开始领风气之先。（图 1-31）

---

❶ 孔祥星，刘一曼 . 中国古代铜镜 [M]. 北京：文物出版社，1984.149.

❷ 徐殿魁 . 唐镜分期的考古学探讨 [J]. 考古学报，1994（3）：305-306.

图 1-30　瑞兽鸾鸟镜（唐）

图 1-31　雀绕花枝镜（唐）

图 1-32　菱形宝相花镜

瑞花镜（图 1-32）是继花鸟镜之后涌现出的镜类，纹饰以花枝、花瓣等为主，这些原来处于从属地位植物纹饰在此时终于由附属物变为主要题材。从瑞兽到鸾鸟，再到植物纹饰，唐代的社会风尚、审美趣味与人类智慧都蕴藏在这些起伏变化的浮雕纹样中，蕴藏在那些流丽曼妙的卷草纹中。

与此同时，神仙人物故事镜类也大量涌现，从神话传说、民间故事，到社会生活等内容不一而足。月宫镜描绘了嫦娥奔月的古老传说，飞仙镜描绘了仙人骑兽跨鹤、翱翔于仙山之间的曼妙景象。而打马球镜和狩猎镜（图 1-33）则反映出唐代社会生活的真实面貌。

图 1-33　狩猎镜

从汉代的神兽、神仙画像纹饰，到唐代的瑞兽葡萄纹、鸾鸟、植物纹饰，中国古代铜镜上的浮雕纹饰在循环往复中走过了一段日益丰富、多元的艺术道路。它既呈现了充满想象与梦幻色彩的神仙、神兽世界，也反映出人们对和谐、吉祥、顺遂世俗生活的无限向往，多元文化就交融在这一方错落起伏的小小天地中。

（本文作者：张天意）

第二部分

说明与鉴赏的铜镜

第二部分

晶 体 衍 射 光 学

战国时期铜镜拓片

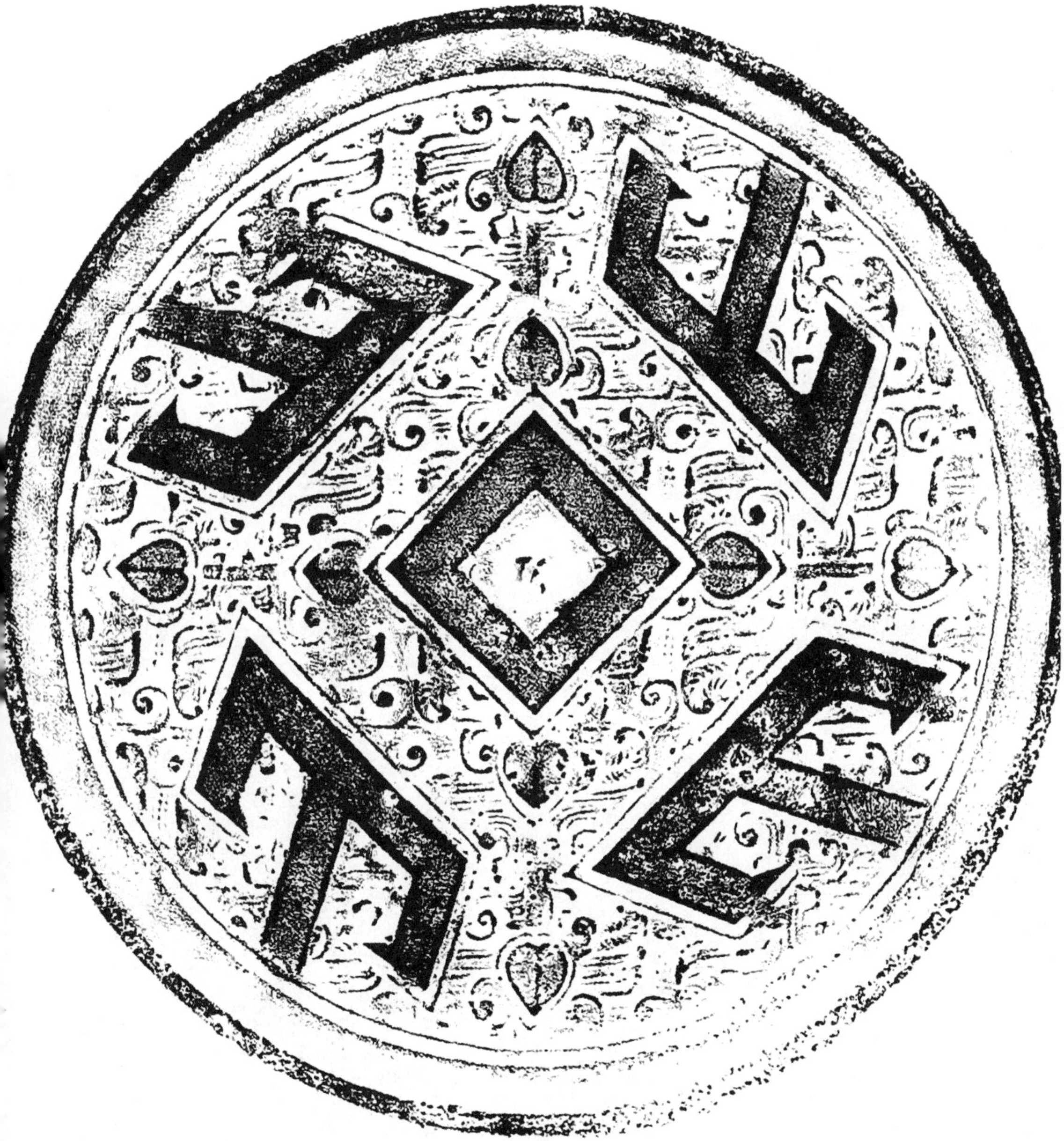

战国时期铜镜

四山八叶纹山字镜

圆形，三弦钮，方形钮座。铜镜内区为方形凹面带，纹饰由地纹和主纹构成，地纹为羽状纹。中区主纹为方形凹面带四角向外伸出的四组两片桃形叶纹，将镜背分成四部分，每部分内置一个『山』字纹饰，『山』字底边与钮座四边分别平行，中间竖画与纹饰外缘相接，两侧竖画上端向内折成尖角，笔画内凹，四个『山』字纹饰统一向左倾斜，给人以逆时针旋转的动感。外区为环形凹面带，窄素缘，缘边上卷。

该镜工艺精湛，铸工细致，主纹庄重方正，地纹秀雅瑰丽，层次分明，布局严谨，可称战国四山镜精品。此类镜常按『山』字纹饰的数量命名，依次称为三山镜、四山镜、五山镜、六山镜和八山镜，其中六山镜、八山镜较少见，四山镜最为常见。山字镜流行于战国，尤以楚地出土最多，甚至被认为是楚国铜镜特有纹饰而称为『楚式镜』。山字镜的名称出自清代梁廷枏所著《藤花亭镜谱》，并逐渐流传开来。

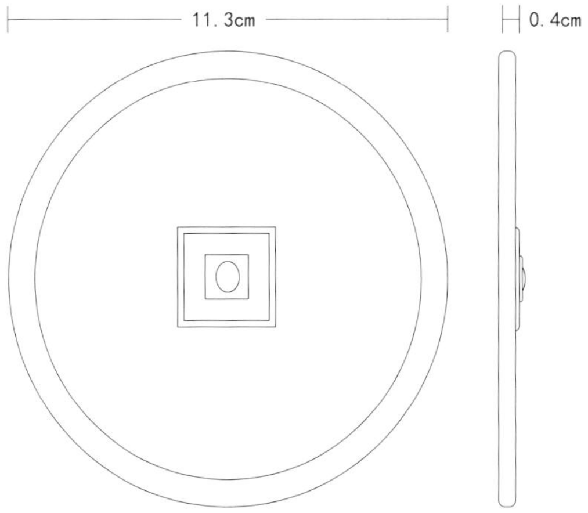

规格

直径 11.3cm

厚度 0.4cm

重量 148.2g

几何纹镂空复合镜

方形，桥钮。铜镜内区为方格化的主纹饰，包括镜钮所在的中心方形。中心方形每边相邻的四个长方形，四角各一个小方形，在内区方格的交叉点、长方形近镜缘的一边以及四角都饰有类似勾连云纹的几何图案。外区每边的中间位置也装饰有排列的几何图案。

所谓镂空，是指镜背纹饰是镂空的。所谓复合，是指镜背和镜面是先分别铸造，再以特殊工艺合在一起。据《中国古代铜镜的技术研究》中的说法：『复合镜的嵌合技术十分高超，先铸镜背，后铸镜面，待金属冷凝后，与镜面部分连在一起的镜缘同样产生一个紧箍力，从而加强了两部分金属的嵌合。』战国镂空复合镜，因其独特的形制、瑰奇的纹饰、精湛的铸造和嵌合工艺而成为战国铜镜中的白眉。此镜没有繁复的龙虎凤鸟纹饰，仅是简单的几何图案，却异常清丽自然，赏心悦目。

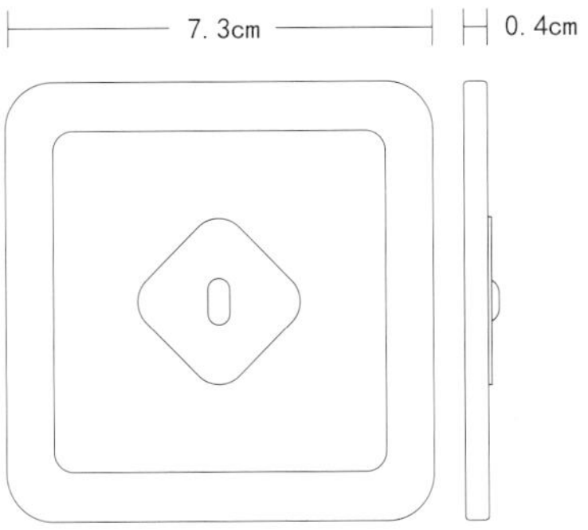

规格

长 7.3cm

宽 7.3cm

厚度 0.4cm

重量 66.8g

龙凤纹镂空复合镜

方形，桥钮。铜镜内区主纹饰由两组镂空的龙凤纹饰组合而成，由桥形镜钮相连。龙纹似蛇形，屈曲环绕，口咬镜缘，近尾部有一小羽翼，龙纹中段叠压一只凤纹，羽翼丰满，尾羽与镜缘相连，与龙首相邻。外区镜缘为勾连云纹，四角各有一圆形凹槽，最外则为窄平缘。

此镜主纹饰为双龙双凤，有学者认为此类龙凤同时出现的纹饰暗含着交合之意。《韩非子·十过》有『腾蛇伏地，凤皇覆上』的说法，与此镜纹饰颇为契合。『腾蛇』即『螣蛇』。《尔雅》郭璞注：『龙类也，能兴云雾而游其中』。

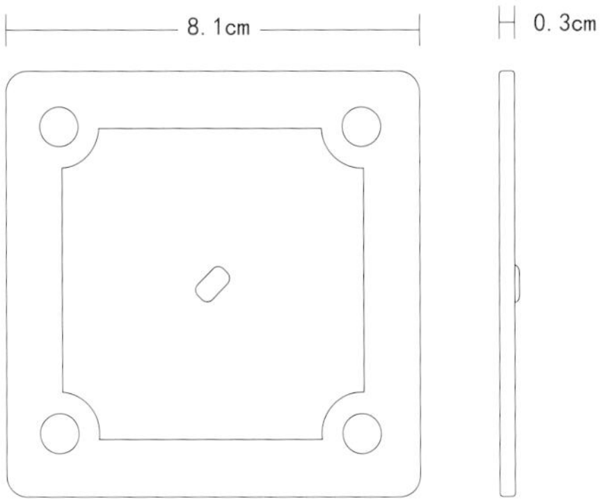

规格

长 8.1cm

宽 8.1cm

厚度 0.3cm

重量 84.2g

四凤透文方形复合镜

方形，桥钮，圆形钮座。铜镜内区钮座向四个方向伸出四朵膨大的花朵形图案，主纹饰为四龙四凤，龙首聚集在中心位置，各咬住一朵花朵，龙身蜿蜒细长，身上装饰有几何图案，龙有两爪，分别在龙身的前、后三分之一处，并恰好踏在相邻两镜缘近中点处，龙身近尾端有一翼，龙尾在镜角处蜷曲成圆环形。凤纹有两翼一尾，凤首叠压在龙身前三分之一处。镜缘为两周弦纹夹着的等间隔排列的子弹形几何图案。

此镜与龙凤纹镂空复合镜的纹饰有共通之处，龙凤纹饰成对出现，凤纹叠压在龙纹之上，龙纹、凤纹造型也类似。此类纹饰或为后世『龙凤呈祥』图案之雏形。本镜四龙四凤纹饰的布置异于常见的方正布局，而是对角线旋转布局，灵动异常，更显得瑰丽奇绝。

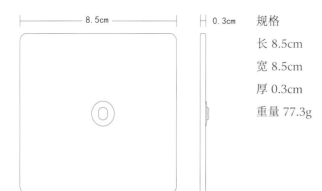

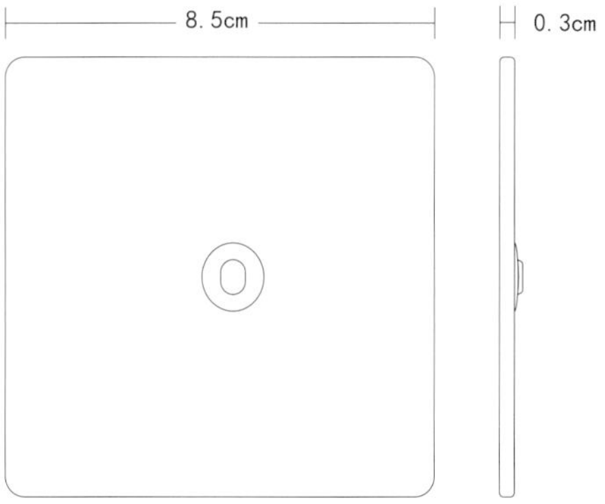

规格

长 8.5cm

宽 8.5cm

厚 0.3cm

重量 77.3g

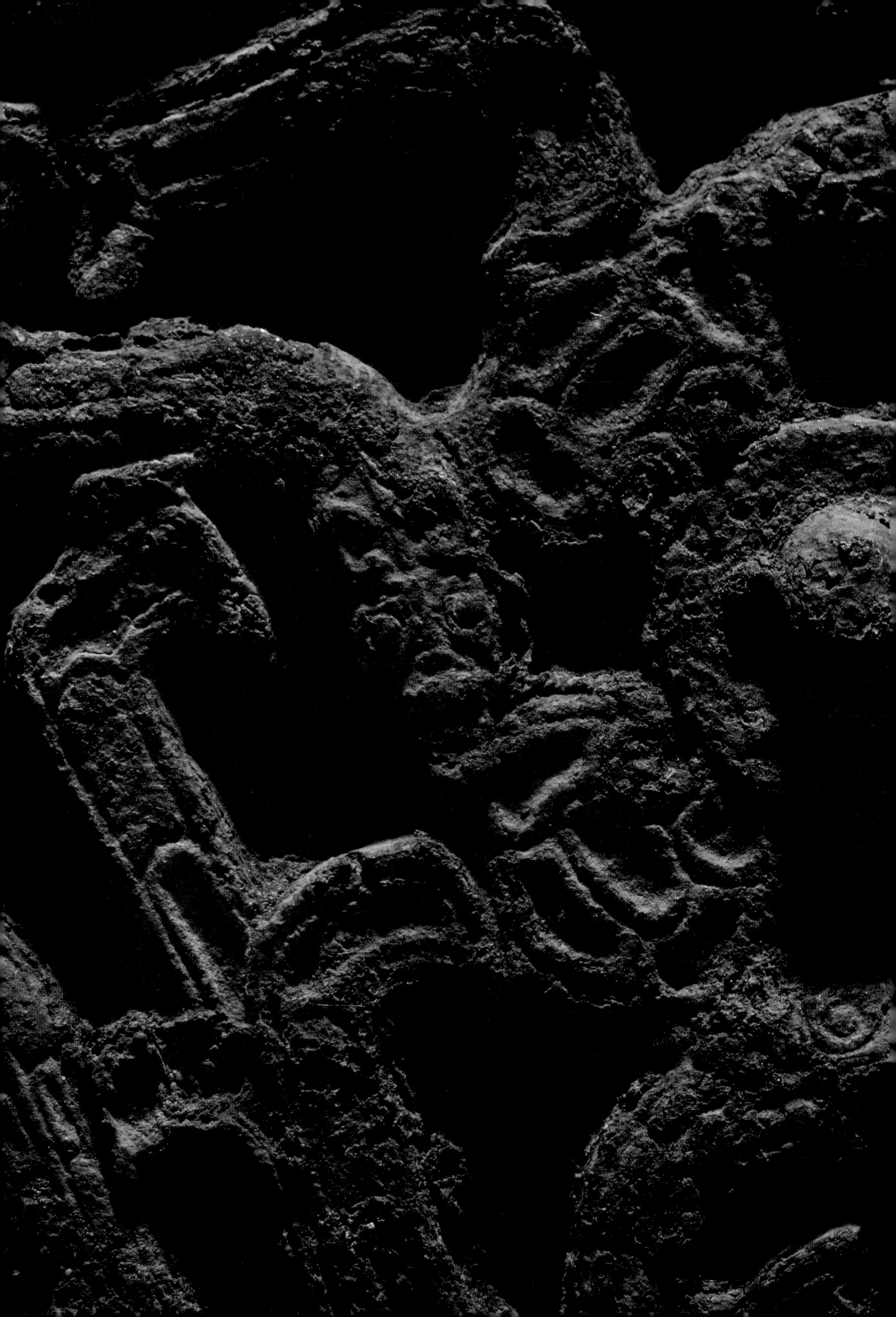

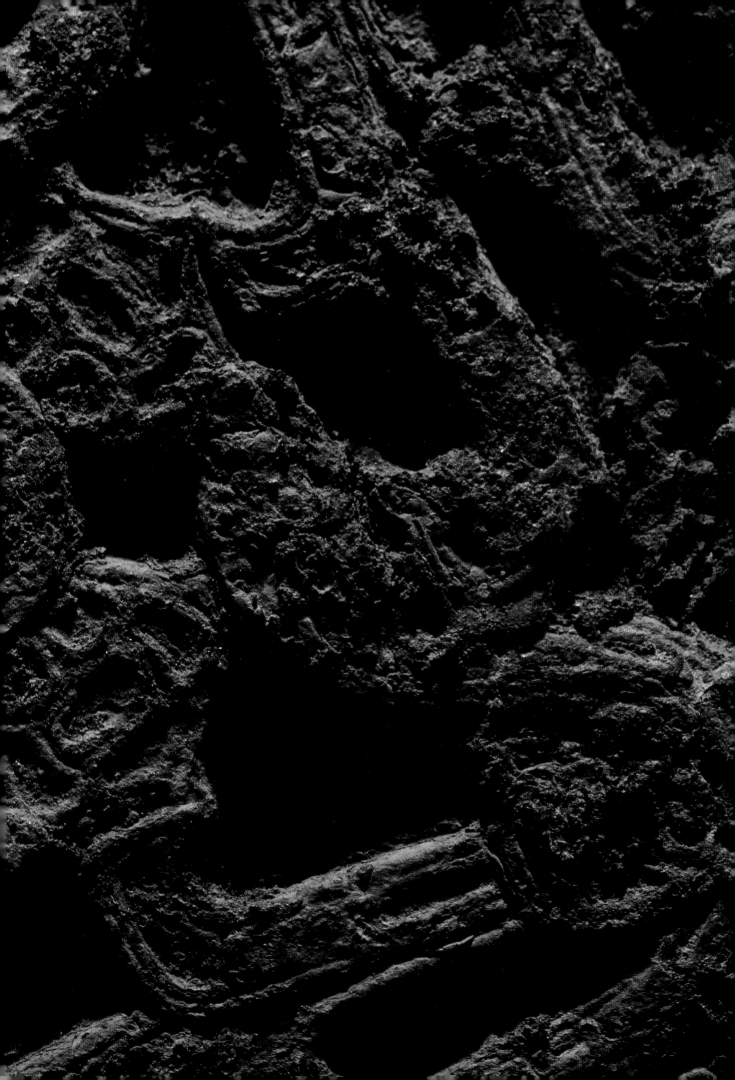

凤鸟纹镂空复合镜

方形，桥钮，钮座近似柿蒂纹。铜镜内区在钮座上方和下方各有一对凤鸟，凤首集于钮座四周，瞋目张口，凤爪立在上、下镜缘，凤尾卷曲，抵在左、右镜缘。外区镜缘内侧上、下两边装饰有几何纹饰，左、右两边为双弦纹，四角有环形图案，外侧为双弦纹。

该镜方正的布局中透出一股秀丽雅致的韵味，艺术水准非常高。1996年在洛阳市王城遗址东北部，一座带有墓道的甲字形大墓中曾出土过一面类似的凤鸟纹镂空复合镜。该墓等级非常高，属于东周王室成员墓葬，由此可知此类镂空复合镜的珍贵。据统计，公开发表的镂空复合镜仅约有53面，其中方镜22面，圆镜31面，再次证明这类铜镜的珍贵。

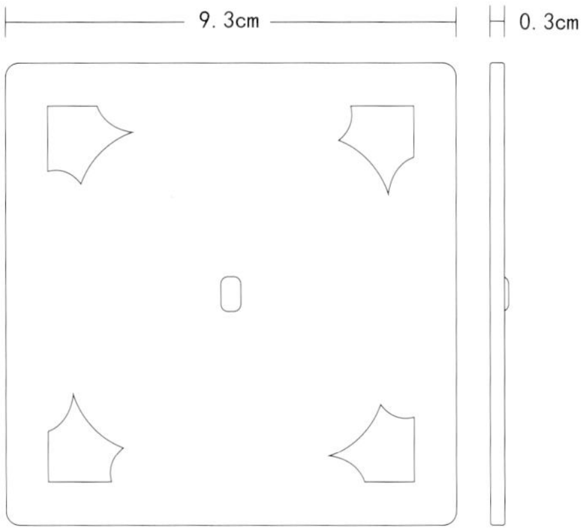

规格

长 9.3cm

宽 9.3cm

厚 0.3cm

重量 117.8g

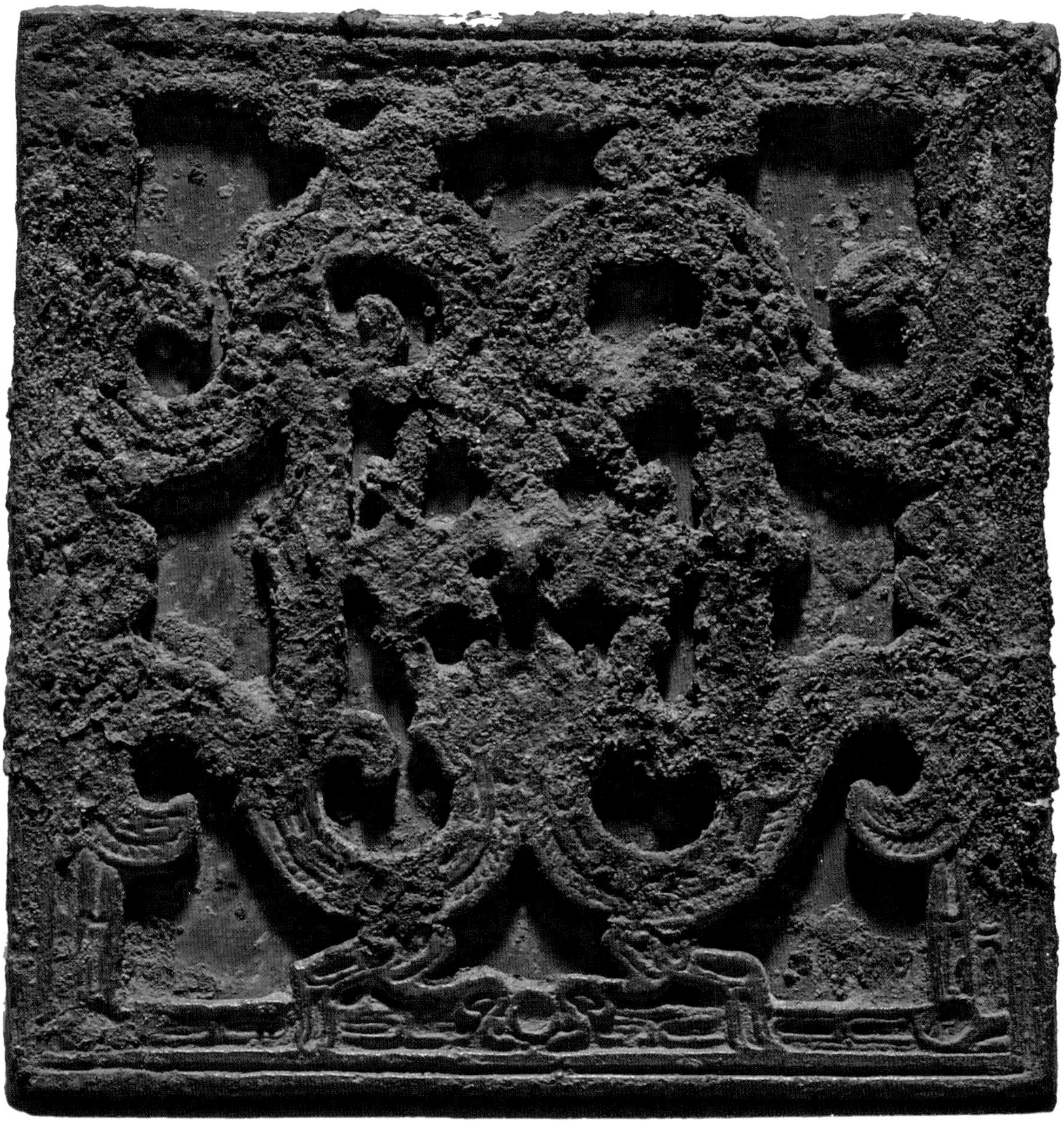

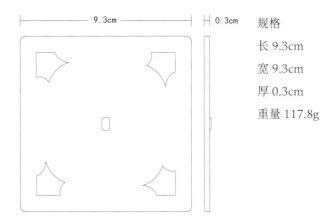

龙纹镂空复合镜（双层纹饰）

方形，桥钮。铜镜内区有类似于勾连云纹的几何纹饰，将镜背纹饰分为四个部分，每个部分内置一个近于蛇形的龙纹，龙身蜿蜒屈曲，并有突起的脊线和斜线状的鳞片，腹下有一足抵住镜缘，龙首聚于镜钮，龙尾散于四隅。外区镜缘四边装饰有镂空的几何纹饰，四角均有一圆形图案。

此镜纹饰布置停匀，疏密得当，灵动中透出神秘，为镂空复合镜中的精品。尤为值得一提的是，透过镜背可以看到非常清晰的类似植物纹饰的几何图案，这一现象在镂空复合镜上应属首次发现。此镜在研究镂空复合镜铸造工艺、艺术审美等方面有极高的参考价值。

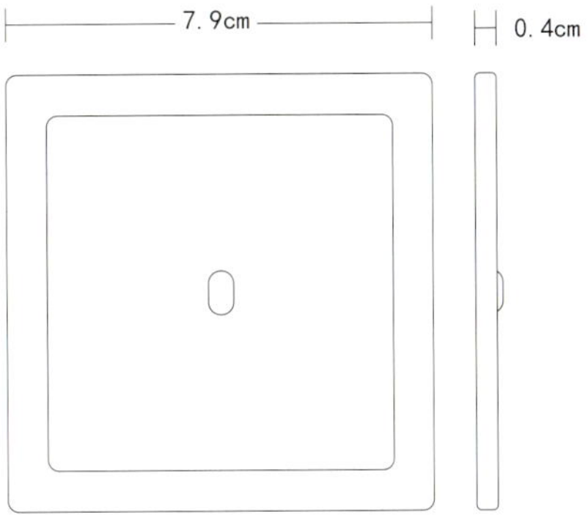

规格

长 7.9cm

宽 7.9cm

厚度 0.4cm

重量 93.9g

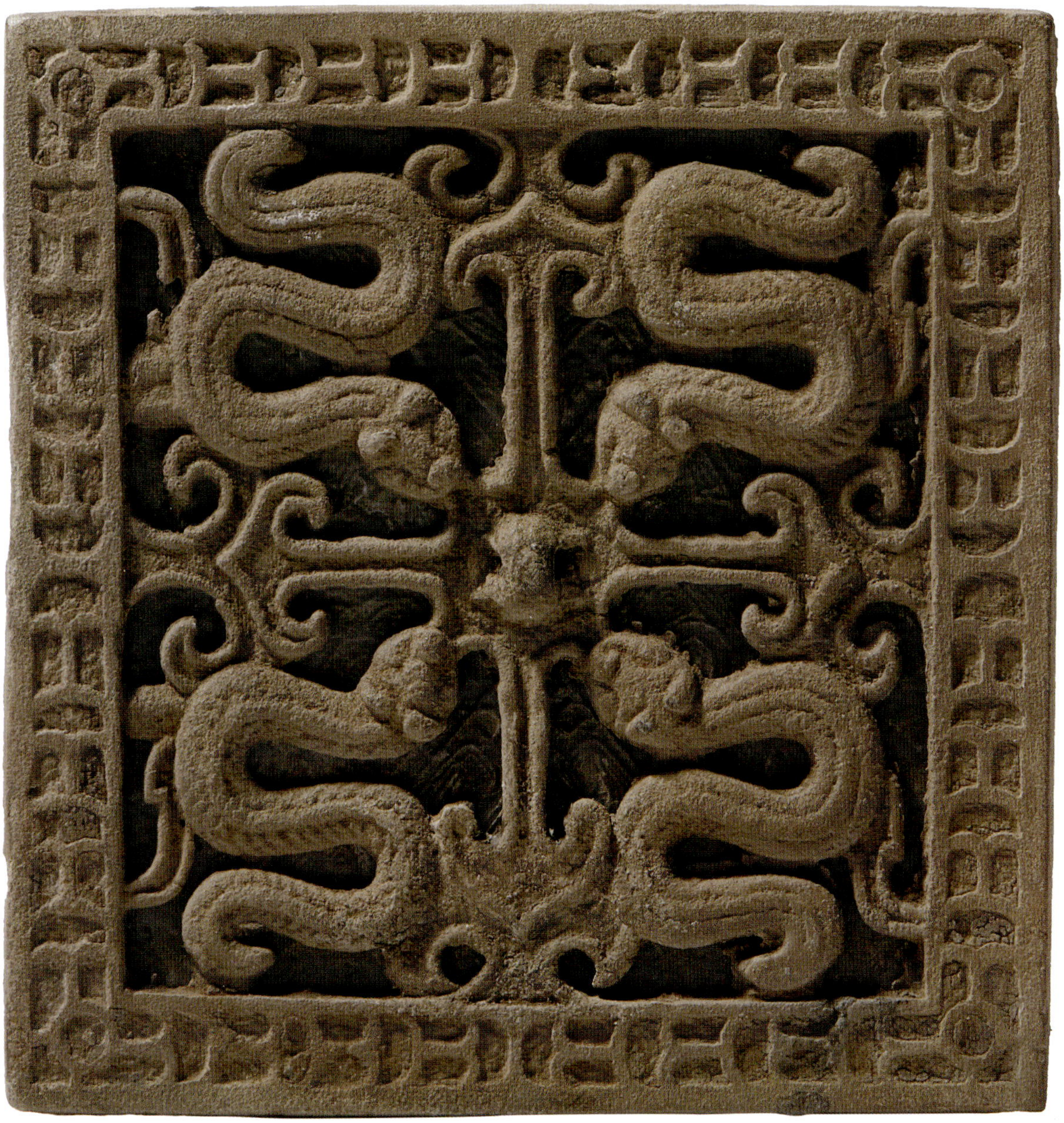

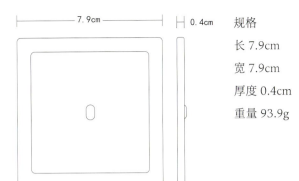

几何纹陶镜

圆形，异形钮，钮外有弦纹，弦纹与镜钮的形状相近。铜镜内区镜钮的左、右两侧各有一条两端卷曲的线条形纹饰，线条形纹饰外侧及镜钮的上部和下部均有类似草丛的线条形纹饰。外区为一圈凸弦纹和微微突起的窄镜缘，纹饰简练有力，神秘诡谲，古朴浪漫。

此镜形制、纹饰均异于常见的战国、汉代铜镜，其中纹饰类似瓦当纹饰，或属于早期铜镜范畴。

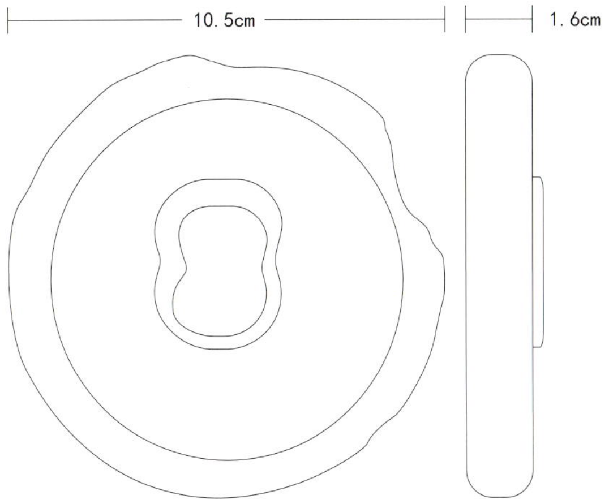

规格

直径 10.5cm

厚度 1.6cm

重量 199.3g

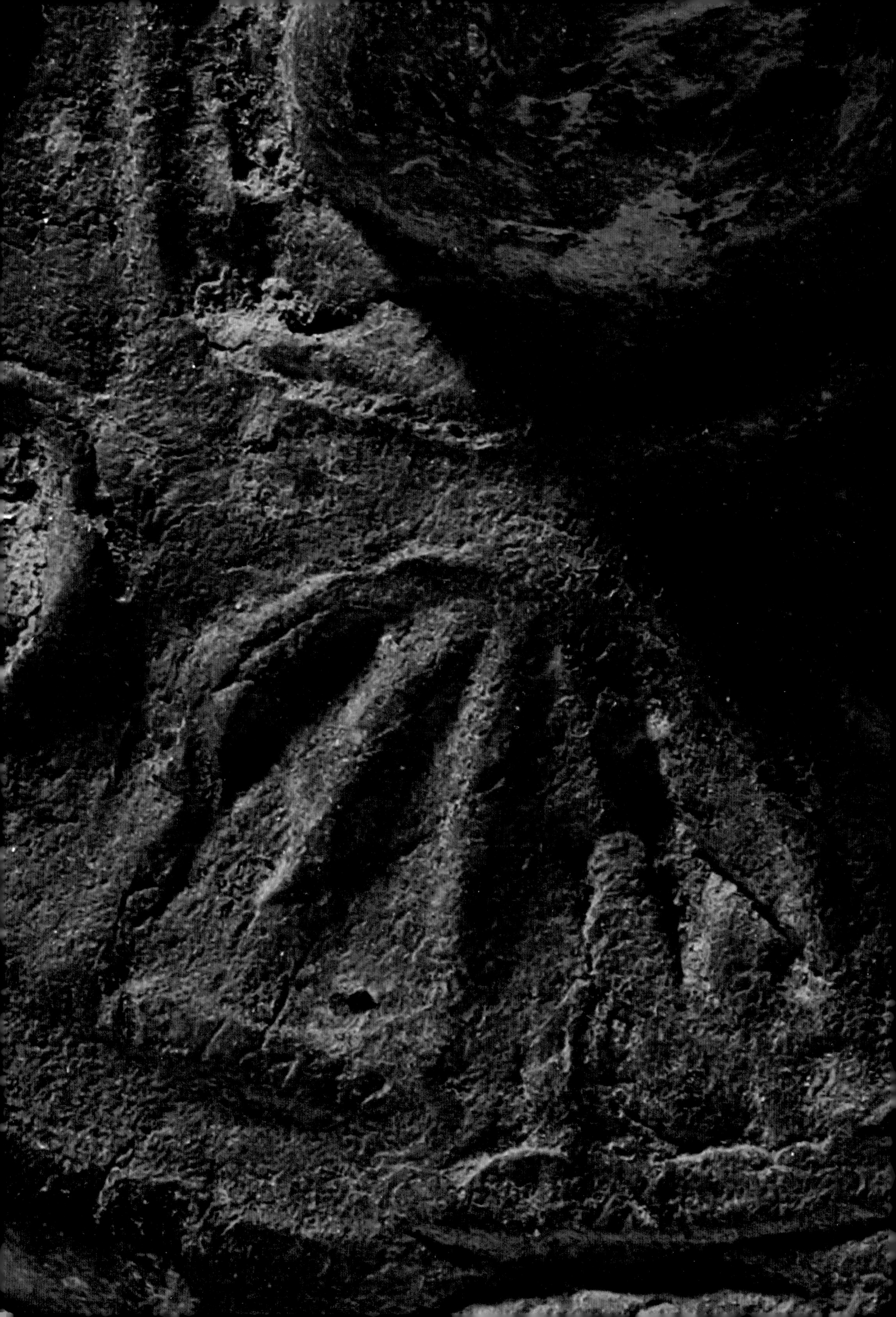

两汉时期铜镜拓片

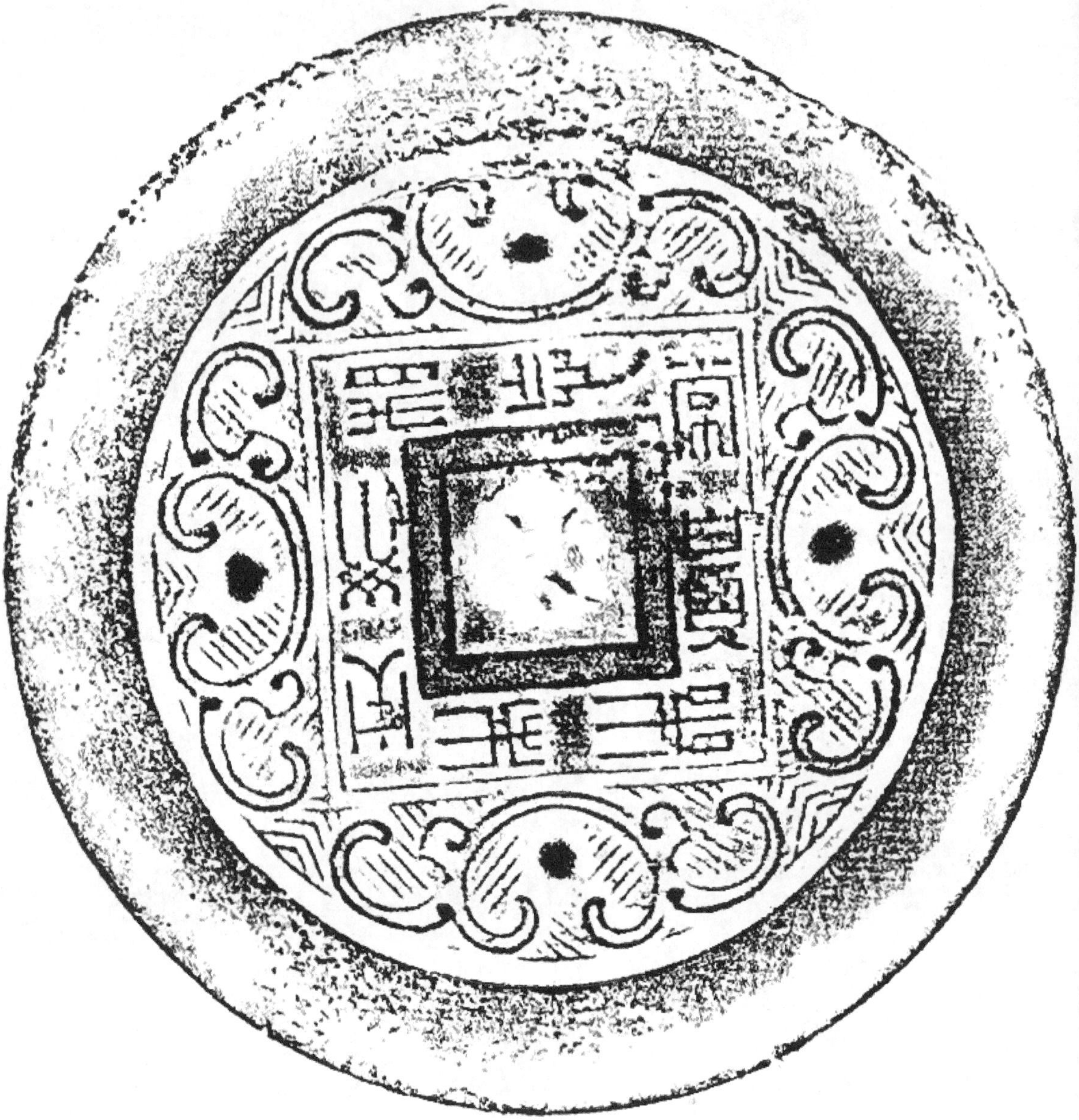

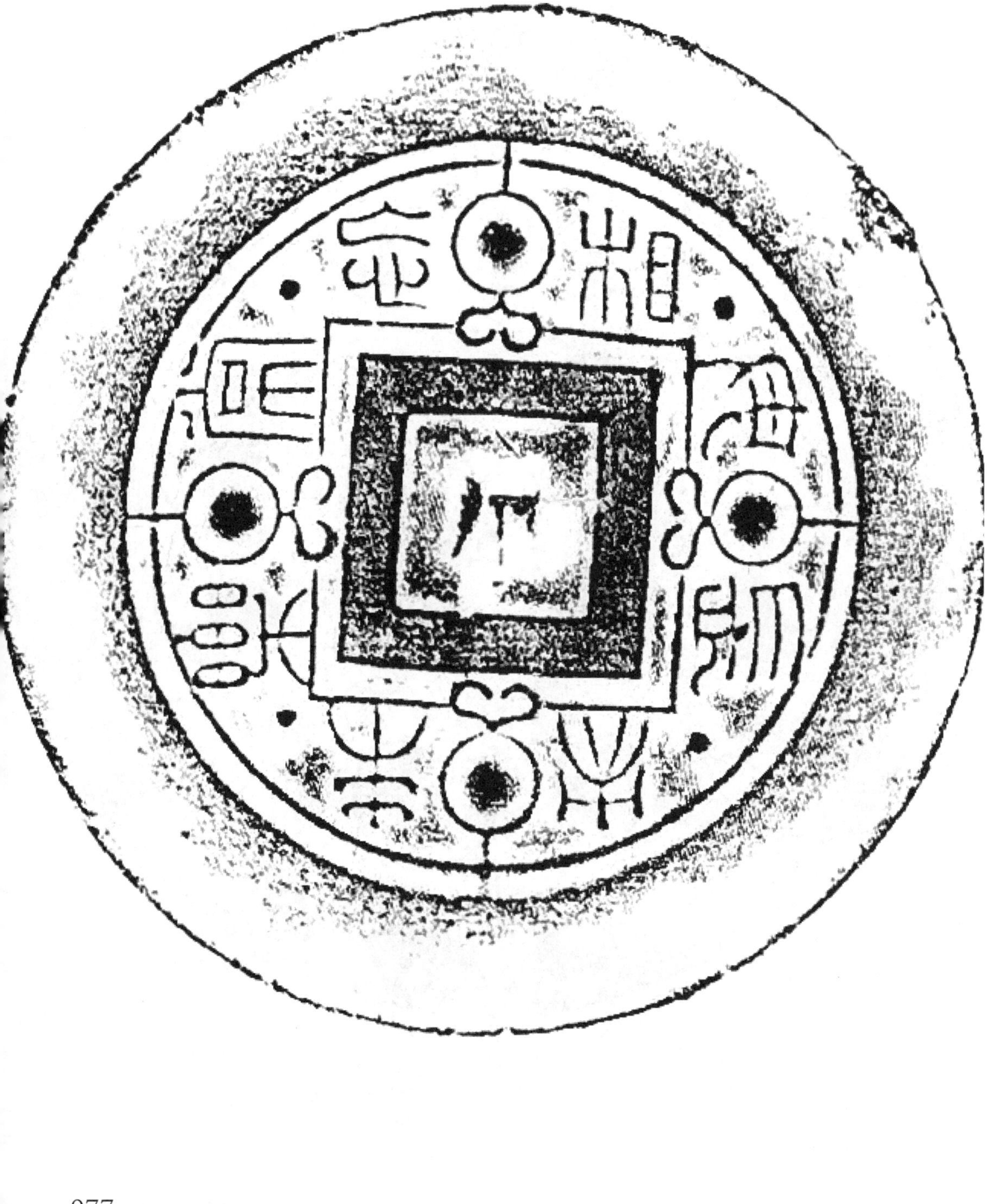

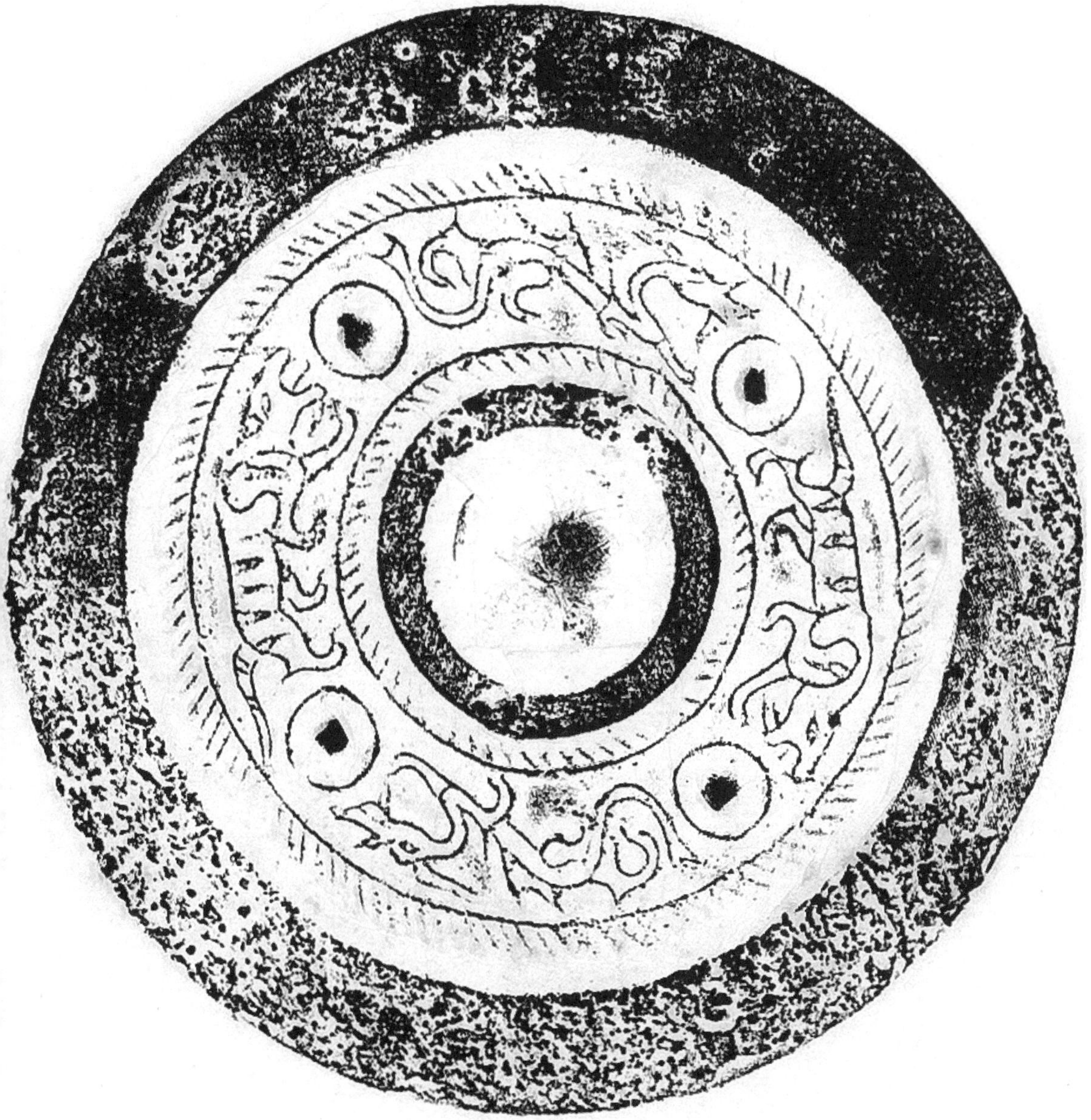

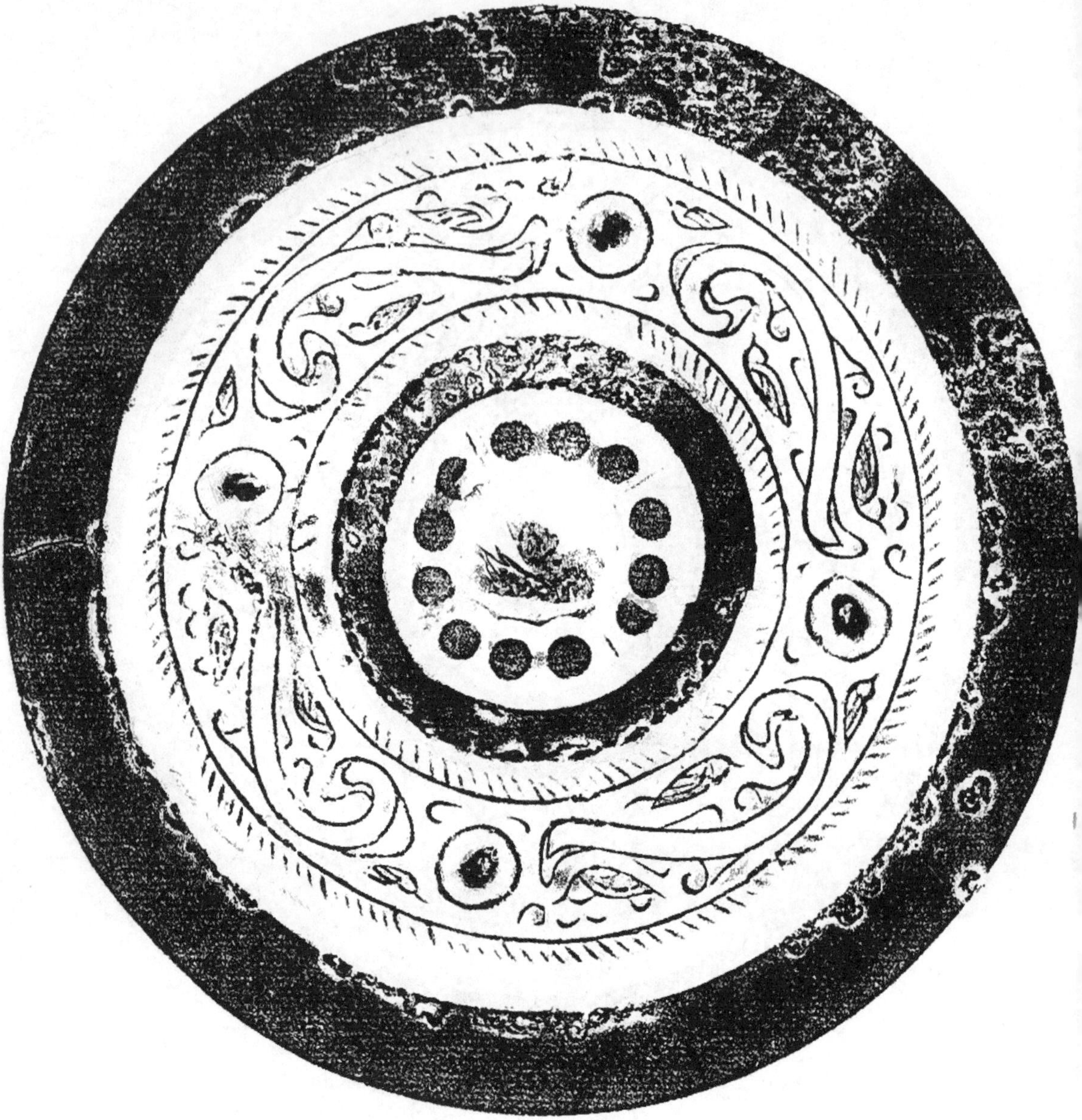

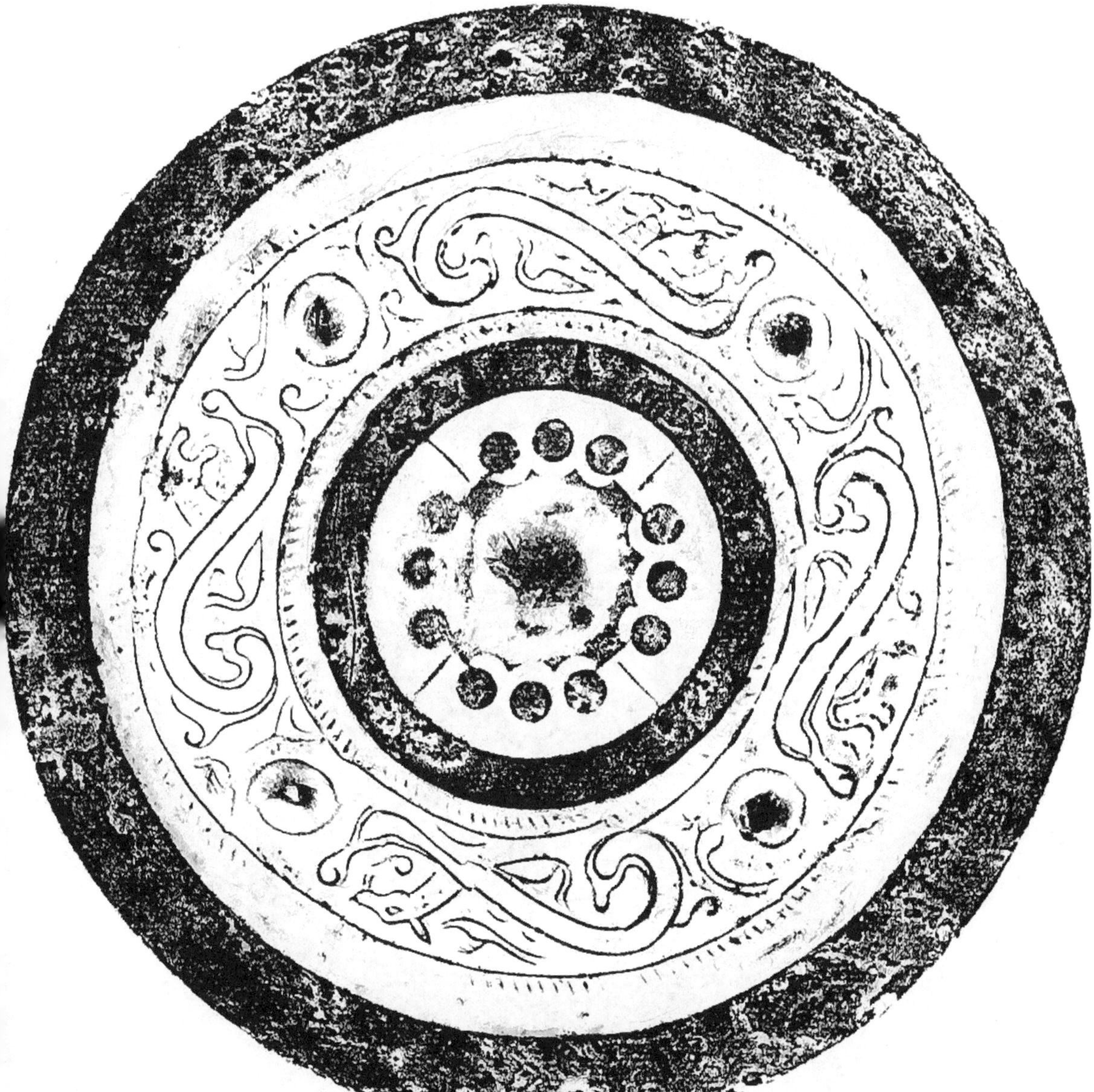

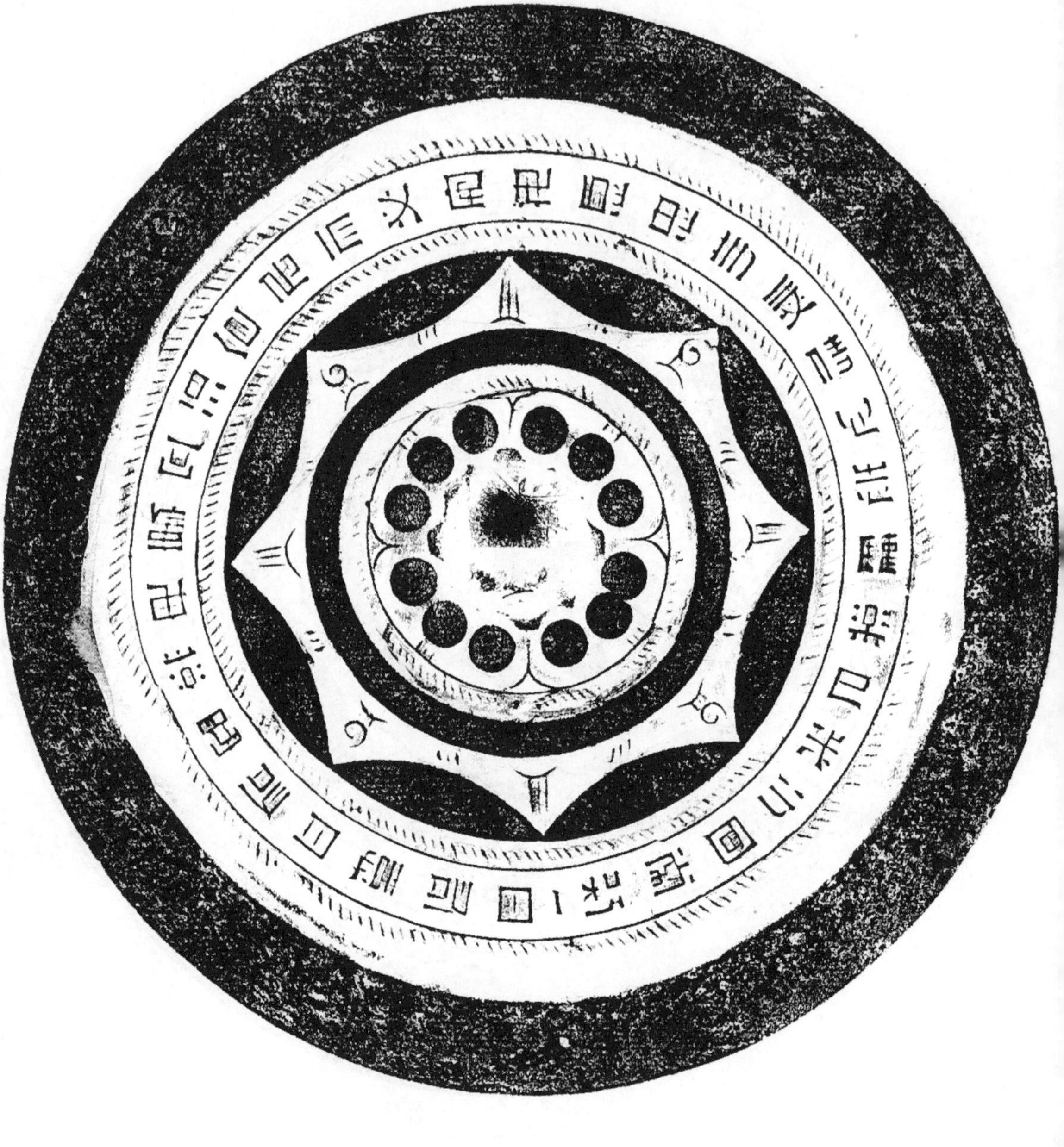

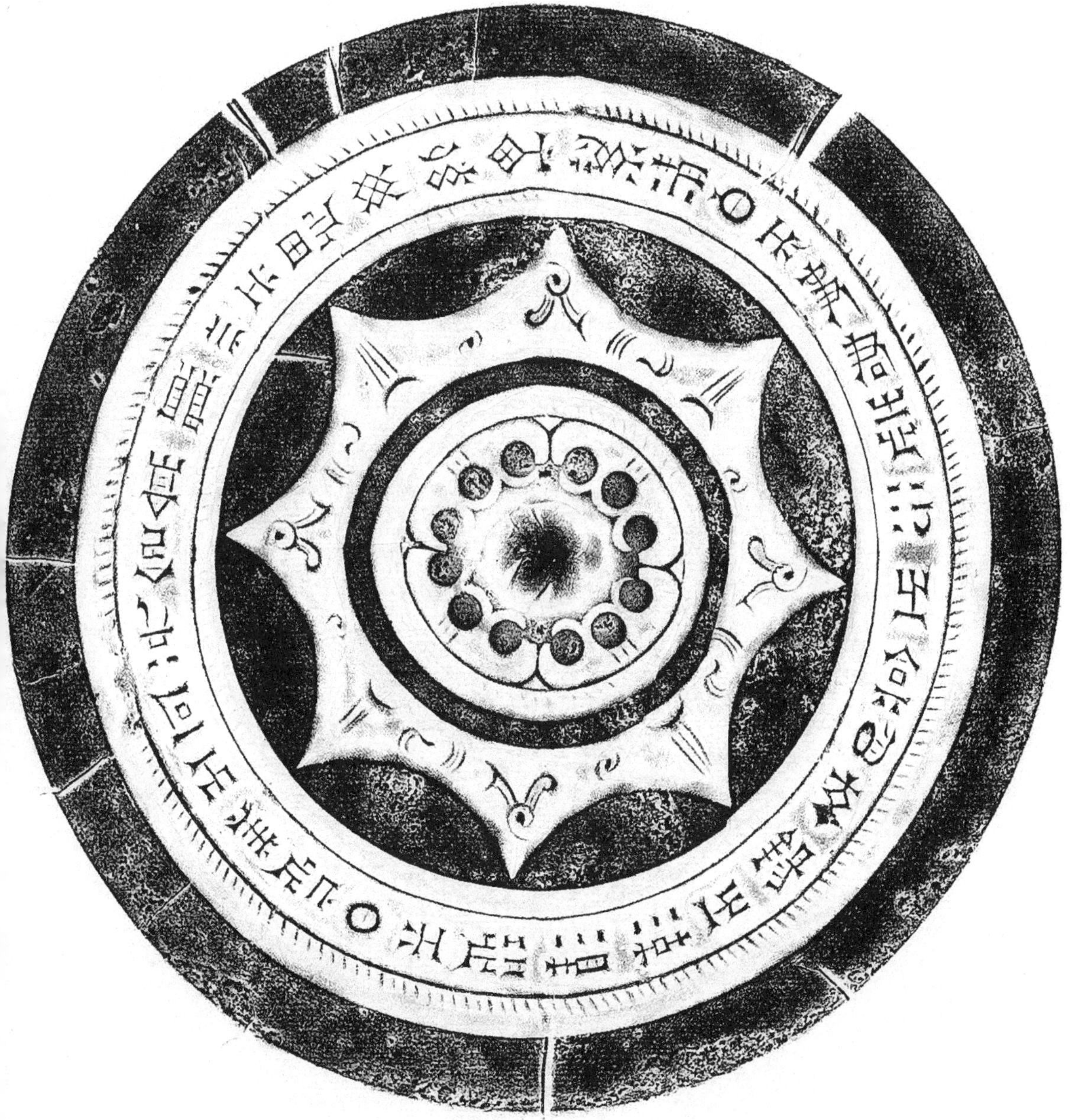

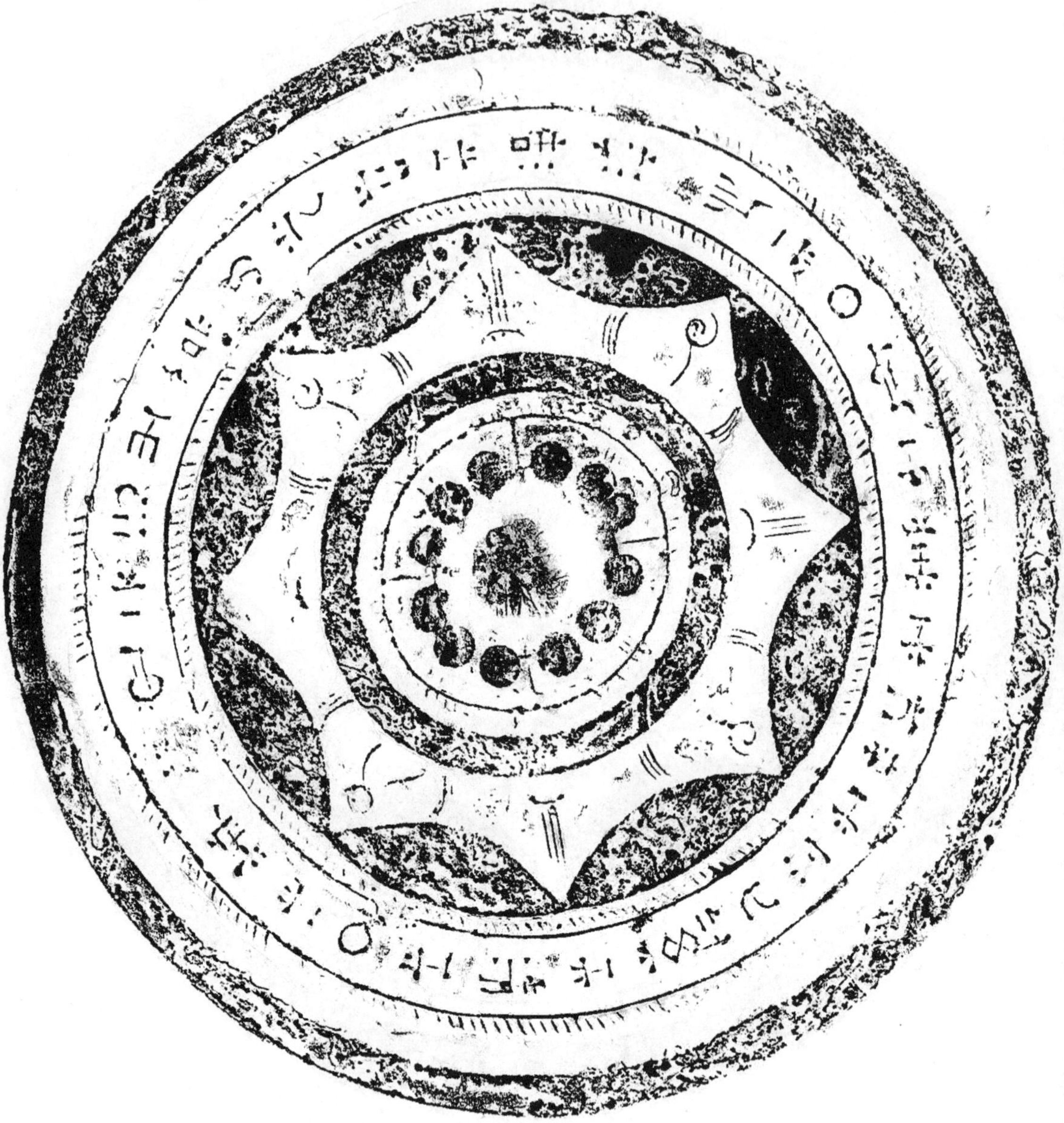

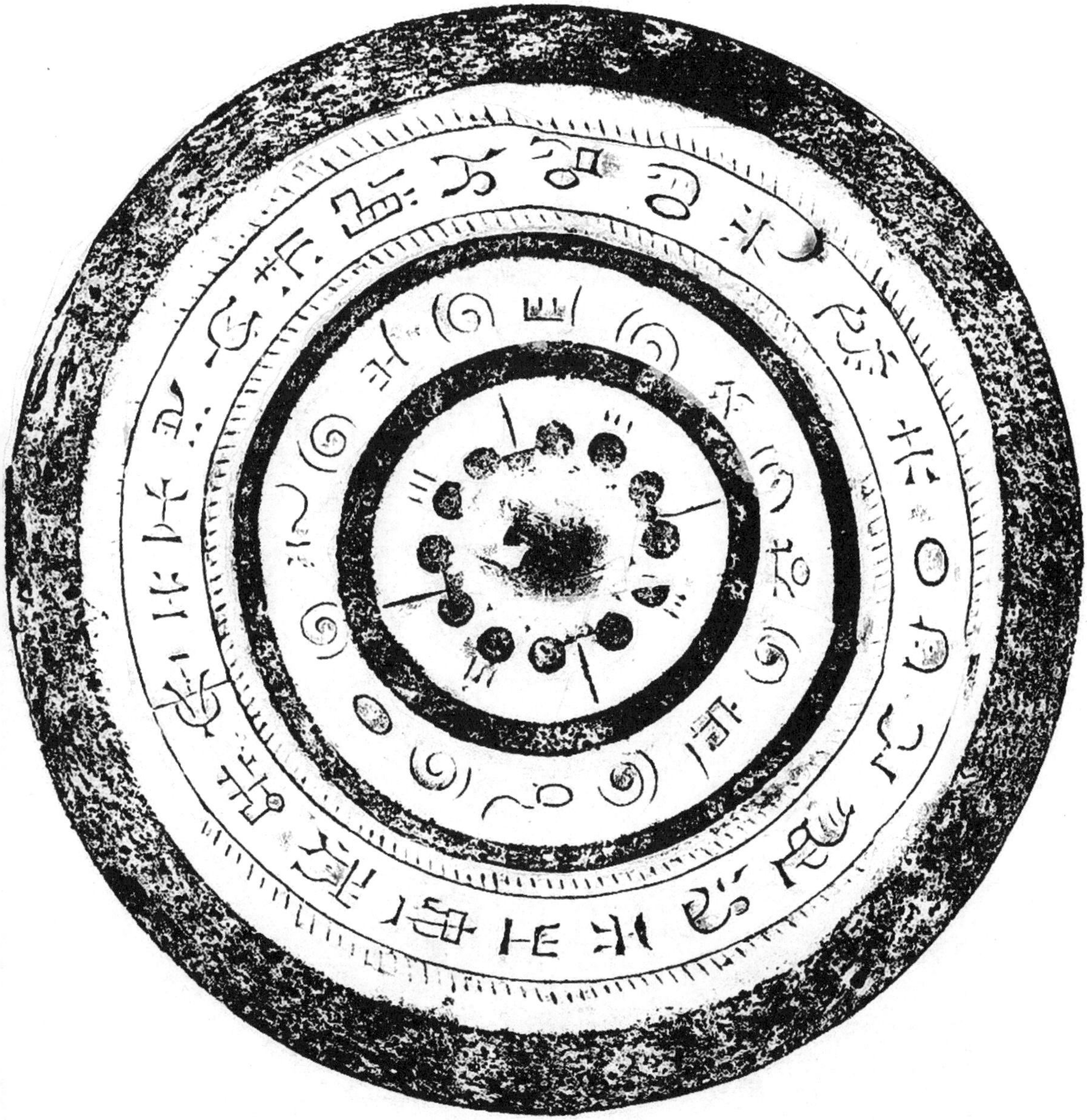

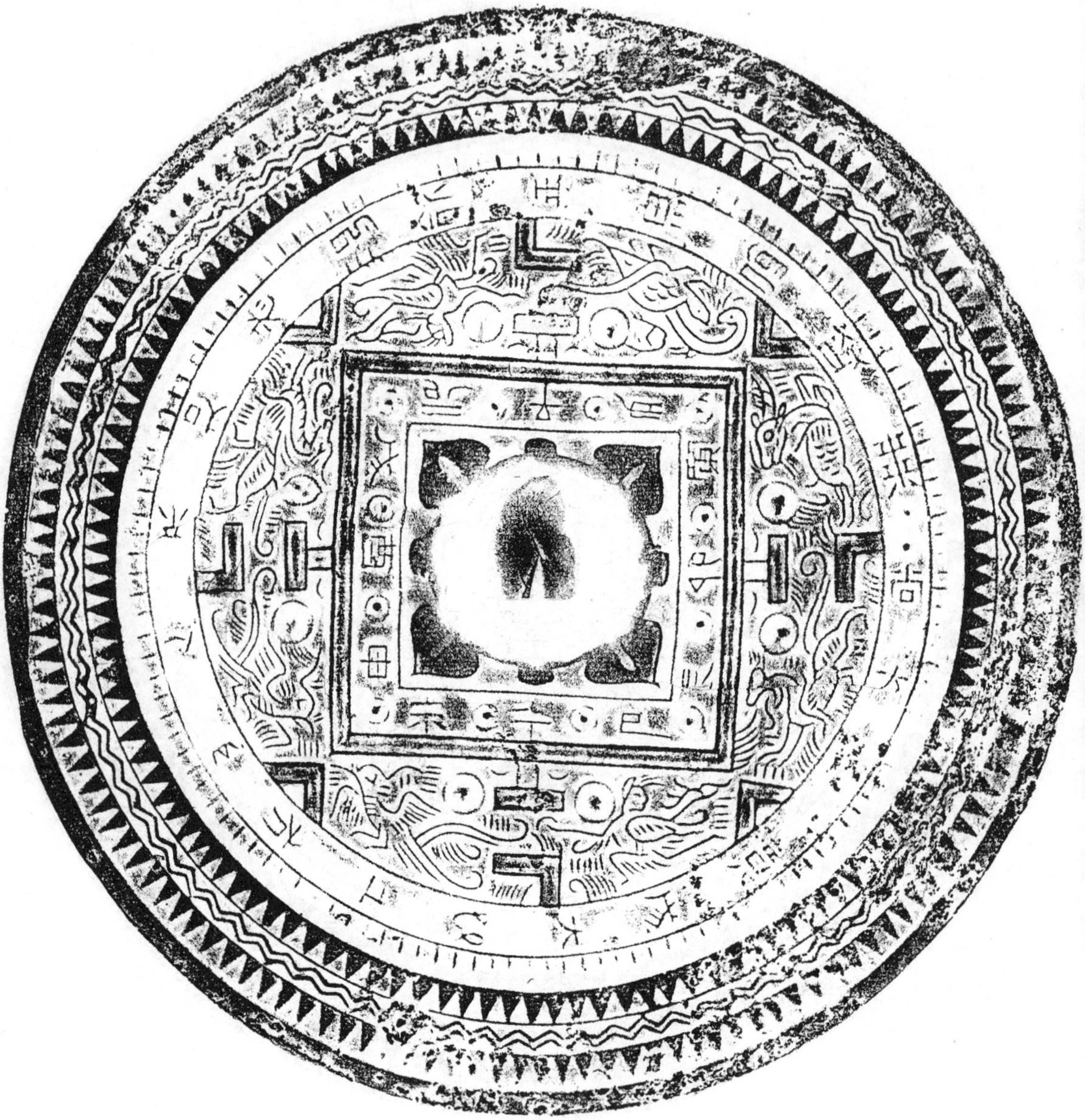

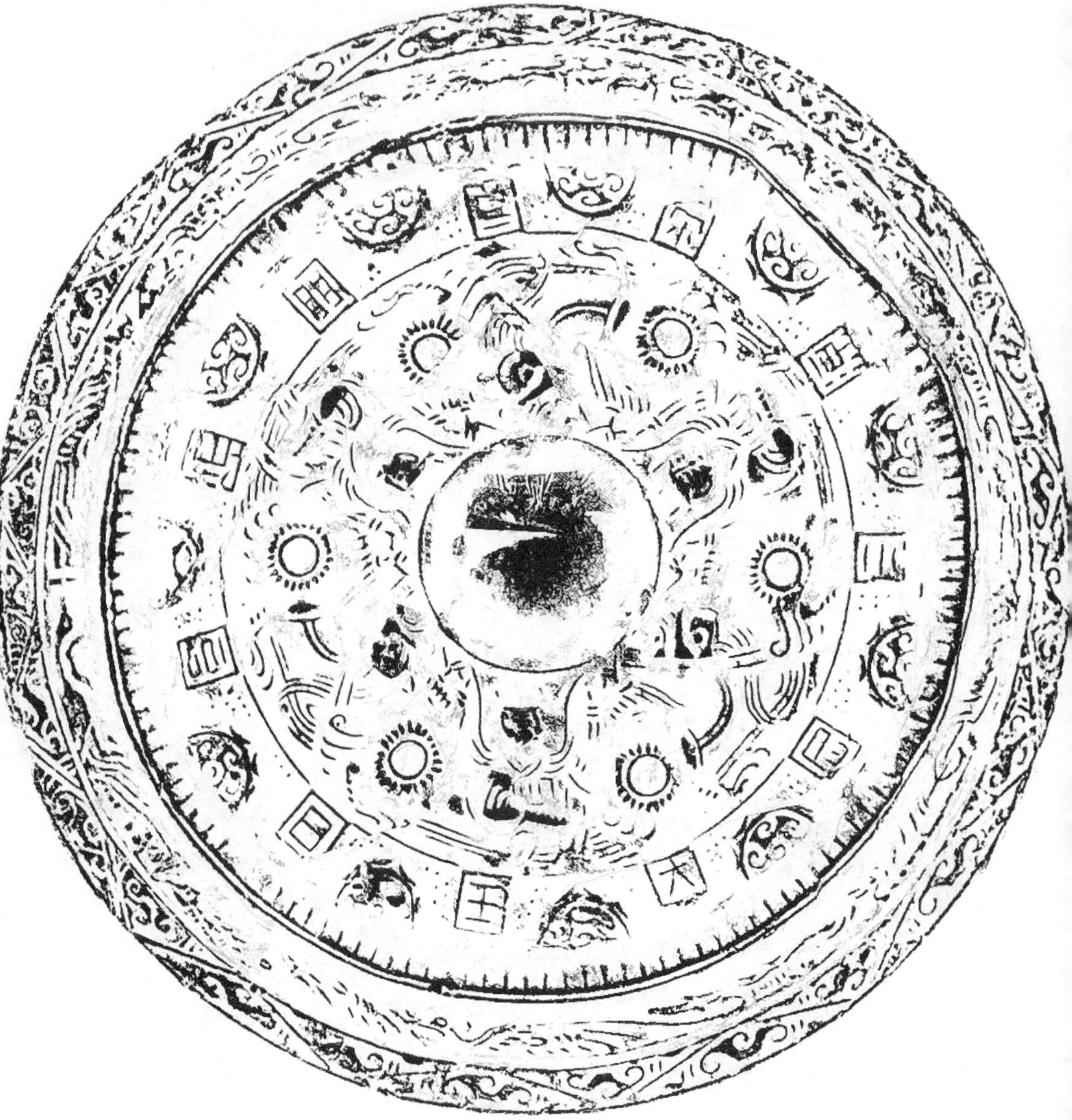

两汉时期铜镜

四乳双龙镜

圆形，瓦钮，圆钮座。铜镜内区钮座外两圈弦纹之间装饰有四个乳钉及两条龙纹，龙双目圆睁，首尾相接。外区为宽卷素缘。

此镜有战国铜镜的形制特征，龙纹线条简练，刻画生动。蜷曲的龙尾，圆睁的龙眼，微微翘起的龙须，一切都显得生机勃勃，可称得上是一枚以简胜繁、小中见大的秦—西汉早期铜镜佳品。

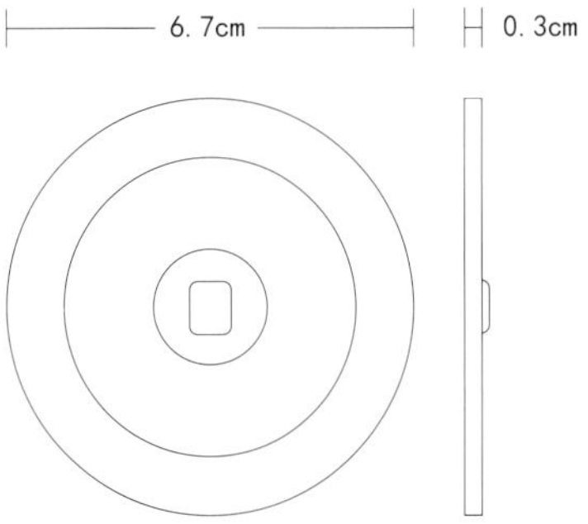

规格

直径 6.7cm

厚度 0.3cm

重量 35.7g

蟠螭纹镜

圆形，三弦钮，圆钮座。铜镜内区为宽凹弧面圈带，圈带外两周弦纹为主纹，涡形地纹上，三棵嘉树纹与三组蟠螭纹两两相间，蟠螭身形简化，折叠成菱形。外区为宽卷素缘。

这面蟠螭纹镜属于西汉早期铜镜形制，可以看作是这一时期铜镜的典范之作。

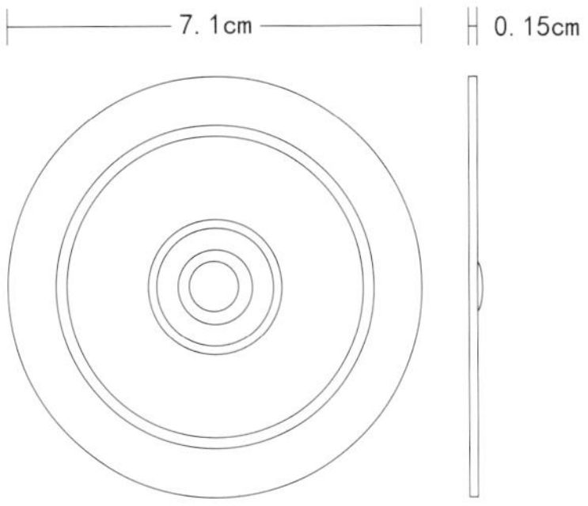

规格

直径 7.1cm

厚度 0.15cm

重量 24.5g

蟠螭纹铜镜

蟠螭纹铜镜为圆形，三弦钮，圆钮座。铜镜内区为宽凹弧面圈带，圈带外两周斜线纹为主纹，圆涡形地纹上，布置有三组蟠螭纹，蟠螭或蜷曲，或折叠成菱形，相互勾连，首尾相接。外区为宽卷素缘。

蟠螭纹是战国时期铜镜中常见纹饰。蟠，弯曲；螭，《说文解字》释为『无角（之龙）曰螭』，则蟠螭大抵是一种盘曲的无角龙。此类纹饰的螭身常常蜿蜒盘旋、连绵不断而又变化万千，从而产生繁缛秀丽、神秘诡异的艺术效果。

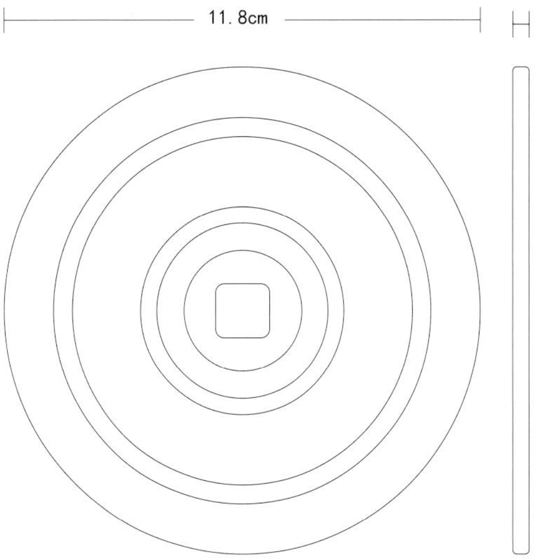

规格

直径 11.8cm

厚度 0.4cm

重量 155.6g

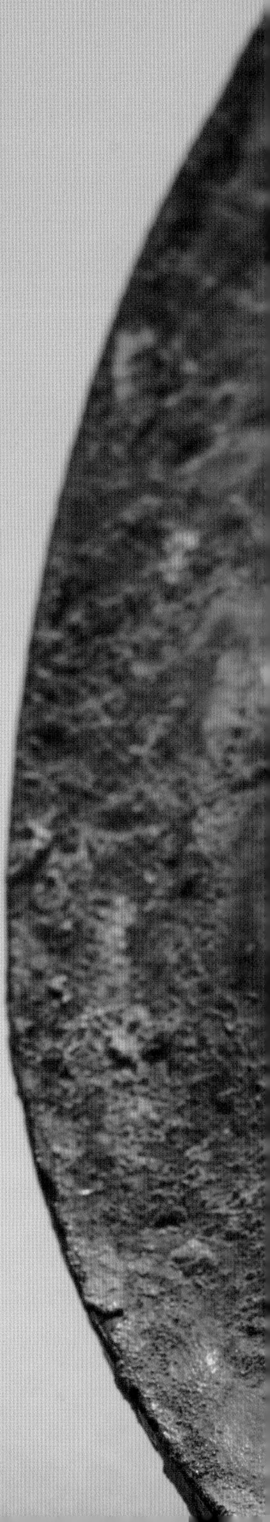

“常贵”铭四乳蟠虺纹镜

圆形，三弦钮，方形钮座。铜镜内区为方形凹面带和双线方形纹，方形纹内每边有两字铭文，合为『常贵乐未央毋相忘』。外区折线地纹之上，每边有一蜷曲虺纹环绕着一乳钉，最外为宽卷素缘。

本镜铭文为『常贵富，乐未央，长相思，毋相忘』，但『长相思，愿毋相忘，大乐未央』或者『修相思，毋相忘，常乐未央』才是该铭文的早期标准形式。此后，随着时间推移，至汉武帝时期逐渐演变成整齐的四句三言格式。因此，综合考虑本镜各方面的特征：在早期铭文中加入了『常贵（富）』的内容、铭文形式尚未固定、主纹、地纹以及卷素缘的形制，可判断其年代大致为文帝至武帝之间。铭文排布错落，饶有生意，十分巧妙。

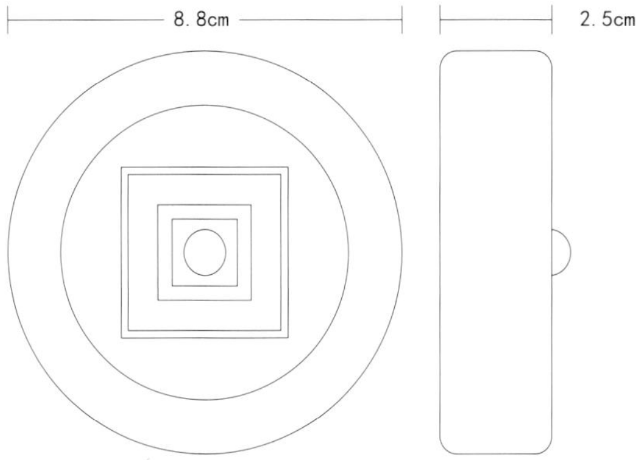

规格

直径 8.8cm

厚度 2.5cm

重量 56.4g

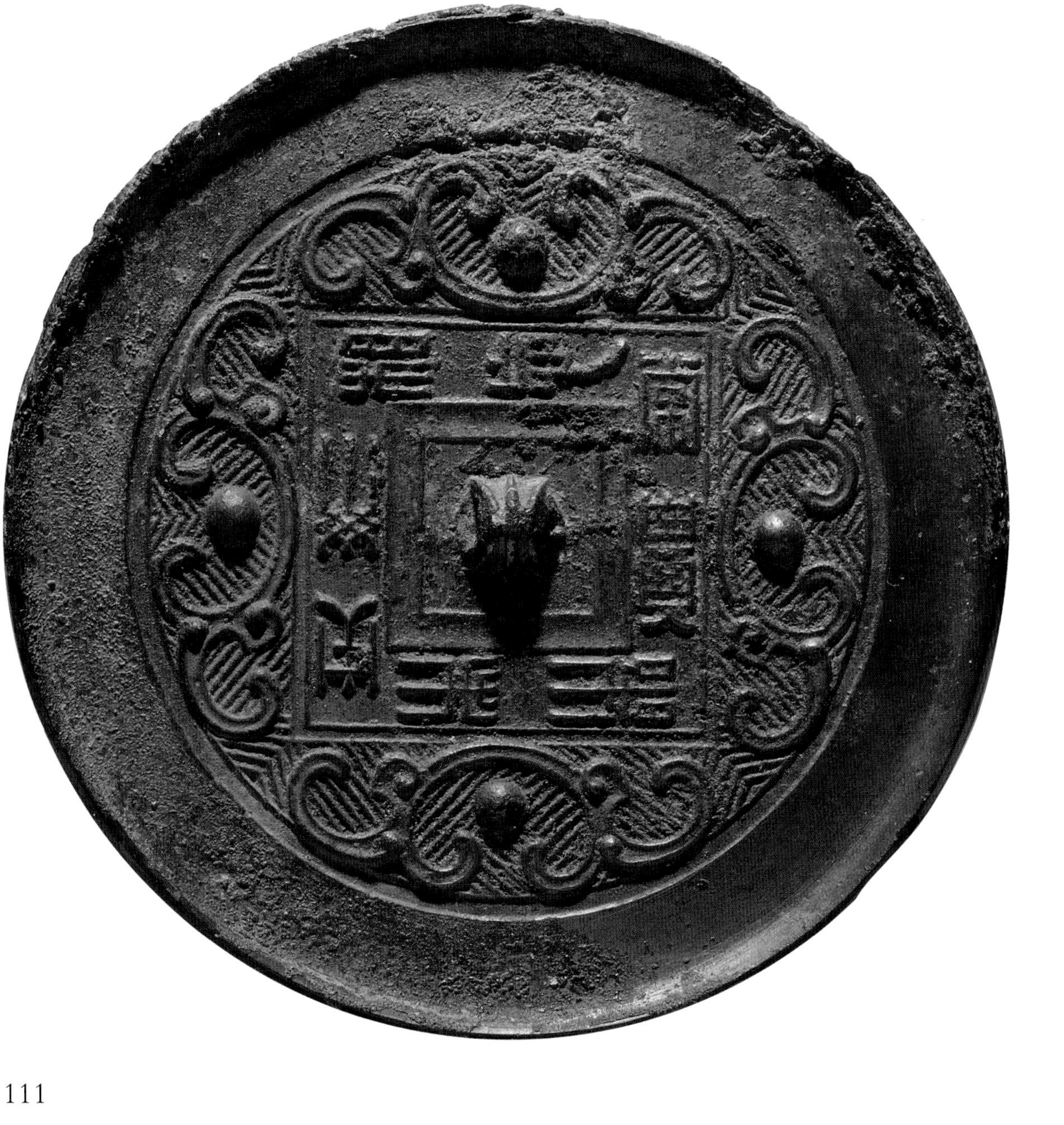

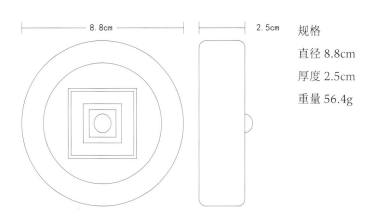

“常乐未央”铭花瓣纹镜

圆形，三弦钮，方形钮座。铜镜内区为方形双边凹面带，凹面带四角各出一花瓣，与一圈弦纹交接，将主纹分成四个部分，每个部分内有两字铭文，合为『常乐未央长毋相忘』，铭文之间以带底座的乳钉分隔。外区为宽卷素缘。

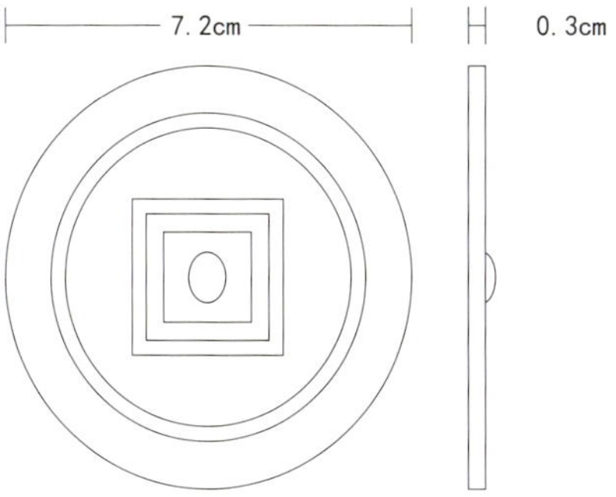

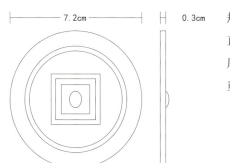

规格

直径 7.2cm

厚度 0.3cm

重量 43g

“光阴清金”铭花瓣纹镜

圆形，三弦钮，方形钮座。铜镜内区为方形双边凹面带，凹面带四角各出一花瓣，与一圈弦纹交接，将主纹分成四个部分，每个部分内有两字铭文，合为『光阴清金，可以取信』，铭文之间以带底座的乳钉分隔。外区为宽卷素缘。

西汉文帝、景帝时期，统治者采取『轻徭薄赋』『与民休息』的政策，因连年战乱而凋敝的社会经济开始复苏并逐渐繁荣。铜镜的制作也出现了重要变化：地纹逐渐消失，主纹更为突出，花瓣纹、草叶纹等新的纹饰逐渐出现，铭文在铜镜中的分量越来越重，制作工艺日趋精良。该面花瓣纹镜为西汉早期铜镜的代表，朴实大方，规整端庄，特别是铜镜的铭文十分罕见，具有很高的研究价值。

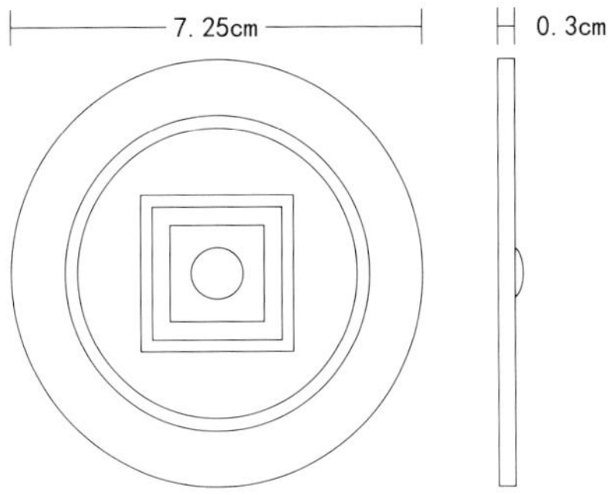

规格

直径 7.25cm

厚度 0.3cm

重量 46.5g

“长毋相忘”铭花瓣纹镜

圆形，三弦钮，方形钮座。铜镜内区为方形凹面带，外区依次为方形弦纹和圆形弦纹。方形弦纹的四边中点均饰有一对花瓣，花瓣与带圆座乳钉相接，乳钉圆座以线段与圆形弦纹相接，四组花瓣、线段以及四个乳钉将方形弦纹和圆形弦纹之间的主纹区分成四个部分，象征四象八极。八极内各有一字铭文，合为『长毋相忘，常乐未央』，宽卷素缘。铜镜内区烫银，光彩熠熠，字口清晰，精致可人，为西汉早期花瓣纹铭文镜的代表作。

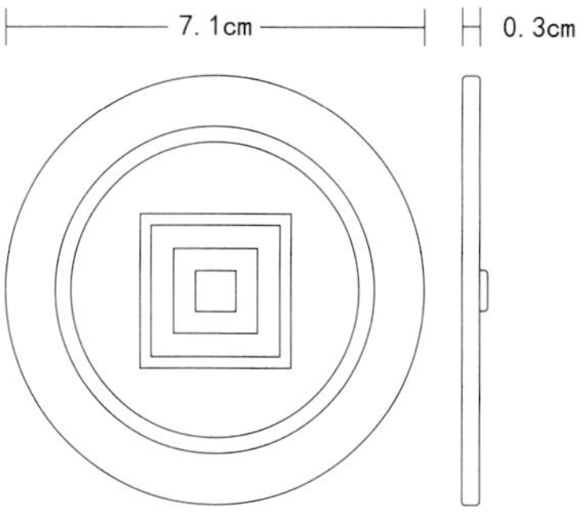

规格

直径 7.1cm

厚度 0.3cm

重量 51.1g

兽钮草叶纹镜

圆形，伏兽钮。铜镜内区为斜线纹环带，自铜镜中心向外辐射出八条等间隔射线，射线上分布着四组三叠式草叶纹和四组双叶花枝纹，两两相间，双叶花枝纹的叶下有圆形底座，底座上由内而外分布三圈数目分别为一、七、八的点状突起。从铜镜外缘向内看双叶花枝纹，则似两朵花瓣护着花蕊。外区为内向十六连弧纹镜缘。

此镜版、工俱佳，纹饰别致，而伏兽钮尤为精巧。草叶纹是西汉早中期铜镜经典纹饰。有学者曾对长安地区出土的草叶纹铜镜进行过统计分析，在汉初刘邦吕后时期的墓葬未见此种铜镜出土，而是大都见于文帝、景帝及武帝时期的墓葬。因此，极似麦穗的草叶纹应是此一时期重视农业，奖励耕种的农本思想在铜镜上的反映。

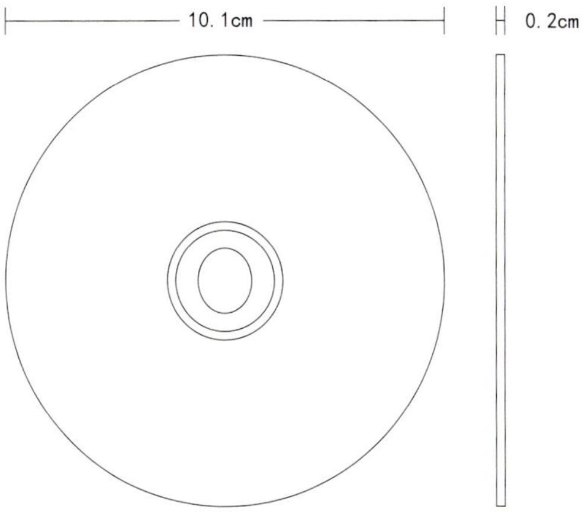

规格

直径 10.1cm

厚度 0.2cm

重量 103.8g

“天下大明”铭草叶纹镜

圆形，半球钮，四柿蒂纹钮座。铜镜内区钮座四边外侧分别有两字铭文，合为『见日之□天下大明』，而四角饰有方形斜线纹。外区为方形凹面带，每边中间饰有乳钉及花苞纹，两侧为单叠式草叶纹，四角各出一支双叶花枝纹，最外侧为内向十六连弧纹镜缘。

此镜版模精良，品相甚佳。我们可以试作如下解读：铜镜圆边和方形凹面带象征着天圆地方，内向连弧纹连起来由内向外看，则似太阳发出的光芒，草叶纹和花枝纹则分别代表麦穗（物质的需要）和花朵（精神的需要）。如此，天地之间，阳光之下，原野之上，摇曳着饱满的麦穗和扶疏的花枝，给人以无限光明与希望，是古代先民直抒胸臆地讴歌。

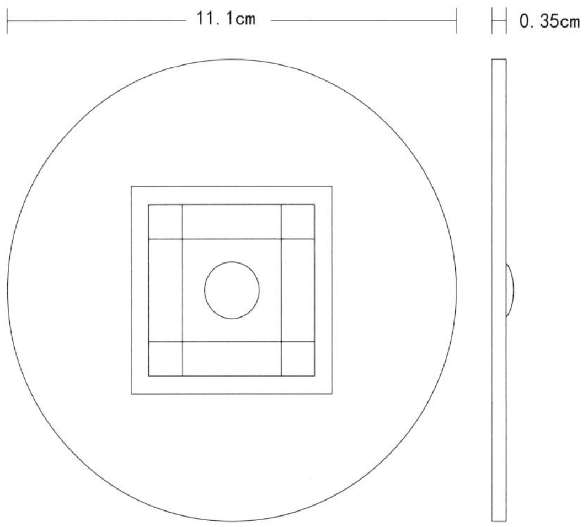

规格

直径 11.1cm

厚度 0.35cm

重量 143g

“见日之光”铭草叶纹陶镜

陶质，圆形，半球钮，四柿蒂纹钮座。铜镜内区钮座外一周是方形凹面带，四边外侧分别有两字铭文，合为『见日之光长乐未央』，而四角饰有方形斜线纹。外区为方形凹面带，每边中间装饰有带圆座乳钉及花苞纹，两侧为重叠式草叶纹，四角各出一支双叶花枝纹，最外侧为内向十六连弧纹镜缘。

陶质镜极为罕见，模仿汉代草叶铭文镜，极可能是明器。

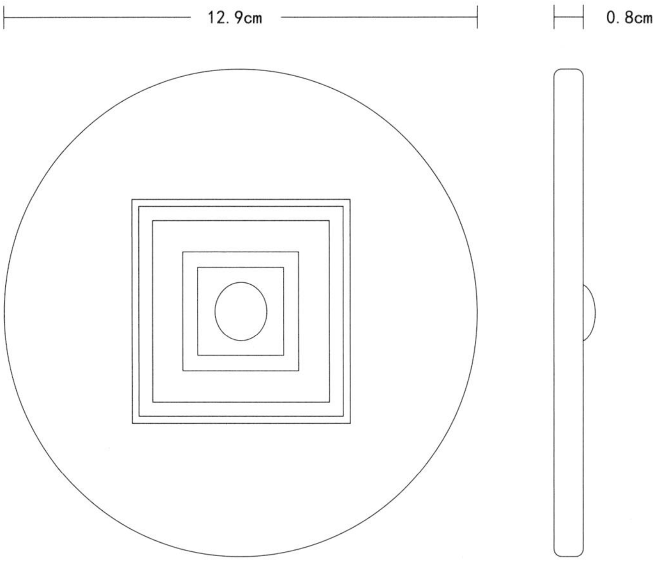

规格

直径 12.9cm

厚度 0.8cm

重量 186.5g

四乳双龙双虎镜

圆形，半球钮，圆钮座。铜镜内区为窄斜线纹带、窄凸圆环，两圈窄斜线纹带之间为主纹，主纹为带座四乳钉及双龙双虎纹，龙虎相间，延顺时针方向作奔跑状，并分别张口咬向乳钉，外区为宽素缘。

此镜的蓝锈极为醒目。欣赏铜镜除纹饰外，锈色也是一个重要方面。常见铜镜锈有两类：一类只是铜镜表面极薄的一层合金受环境影响改变了颜色，呈现出所谓『水银古』『黑漆古』和『绿漆古』等颜色，这类锈一般质地紧密，表面光滑；另一类是改变了铜镜体积的锈蚀，通常最里面一层是红锈，即所谓『红斑』，向外则是蓝锈或者绿锈，这类锈一般质地比较疏松，表面不平整，有明显的颗粒状。好的锈色，特别是蓝锈或者绿锈，可以为铜镜增色不少，因此深受铜镜藏家和爱好者喜爱。

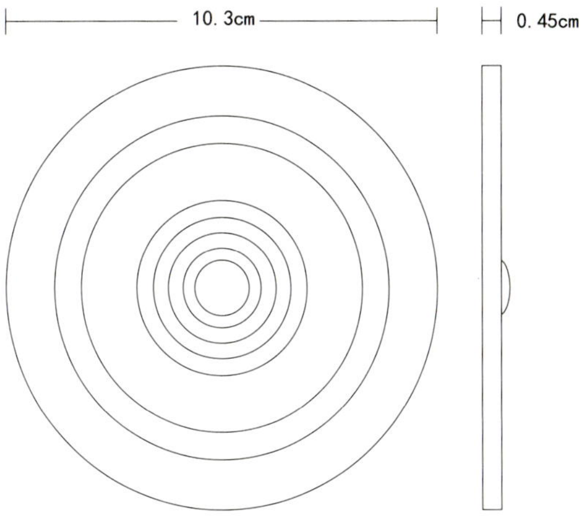

规格

直径 10.3cm

厚度 0.45cm

重量 217g

四乳四虺镜

圆形，半球钮，齿轮状钮座。铜镜内区为四组连珠纹，连珠纹每三个为一组，连珠纹外是凸圆环，圆环外为两条斜线纹带夹着的四乳四虺纹，乳钉带钮座，虺纹作钩状屈曲，虺的头、身、尾部均有一只小鸟，虺及小鸟旁边有表示云气的弯曲线条。外区为凸起的宽素缘。

此镜版工、品相俱佳。四乳四虺是西汉中晚期非常流行的纹饰，虺是一种蛇类，南朝梁任昉所著《述异记》中说：『水虺五百年化为蛟，蛟千年化为龙，龙五百年为角龙，千年为应龙。』值得注意的是，纹饰中虺的首、腹、尾均出现了小鸟的形象，而且非常写实，表明现实生活的光彩已经照进了战国至西汉早期纹饰着力表现的那个凝重而神秘的世界，为不久以后的四乳瑞禽瑞兽镜，乃至后世的花鸟镜的出现作了铺垫。

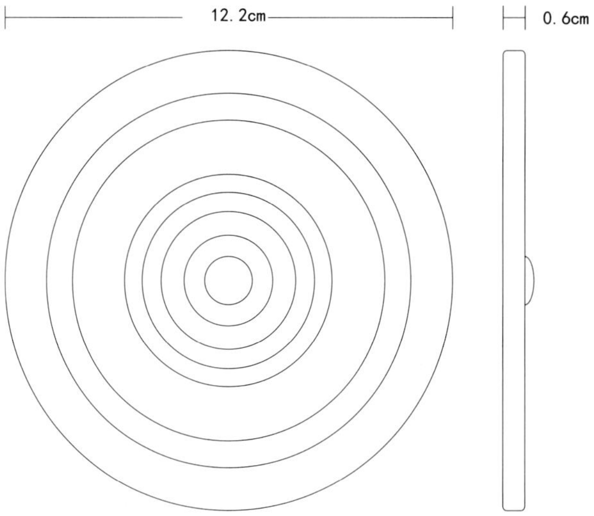

规格

直径 12.2cm

厚度 0.6cm

重量 445.7g

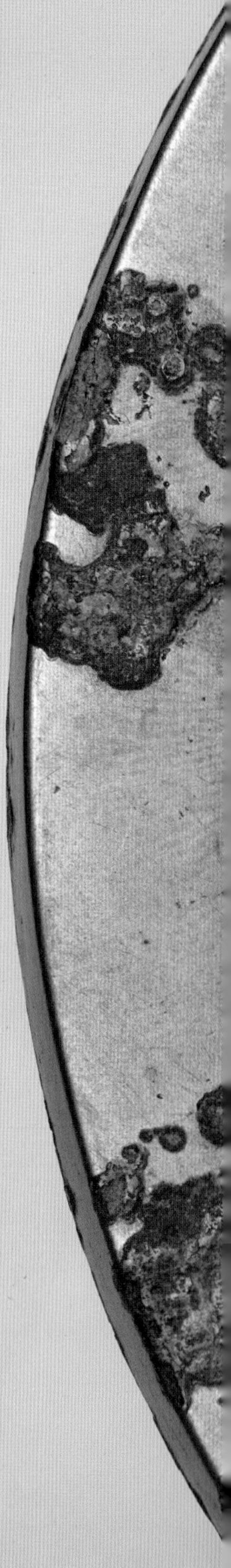

四乳四虺瑞兽镜

圆形，半球钮，齿轮状钮座。铜镜内区为四组连珠纹，连珠纹每三个为一组。中区为凸圆环，圆环外为两条斜线纹带夹着的四乳四虺纹，乳钉带钮座，虺纹作钩状屈曲，虺的头、身、尾部均有一只禽鸟，形态各异，有的脖颈修长似天鹅，有的体态丰满似大雁，四虺中有三虺身下探出一只瑞兽的脑袋。外区为凸起的宽素缘。

此镜镜钮饱满，线条深峻，刻画精细，且三虺身下叠压着瑞兽，不同于常见的四乳四虺镜，颇为难得。虺身下叠压瑞兽的版式，后世逐渐演变成四乳神兽、四乳四神等经典纹饰。因此，本镜对研究西汉铜镜纹饰的演变颇具启发意义，是一面难得的精品铜镜。

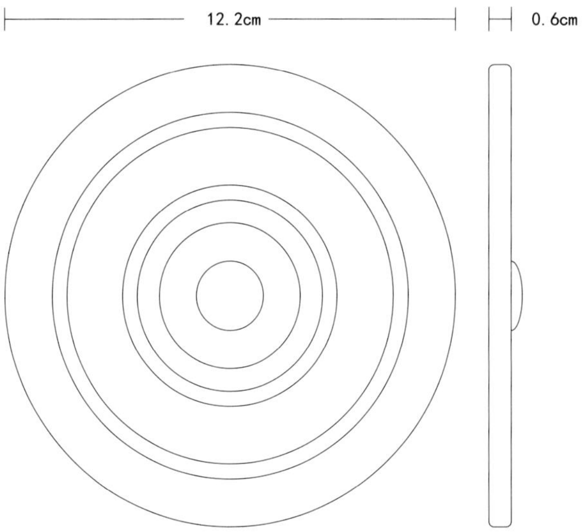

规格

直径 12.2cm

厚度 0.6cm

重量 348.1g

“天下大明”铭单圈铭文镜

圆形，半球钮，圆形钮座。铜镜内区为等间隔的四段弧线与双线圆环纹连接，双线圆环纹外为铭文带，铭文为『见日之光天下大明』，每两字以旋纹相隔。外区依次为窄斜线纹带和宽素缘。此镜最具有美感的是铸造工艺精湛的铭文，字口深邃、宽博浑朴，自然的磨损更富有耐人寻味的质感。

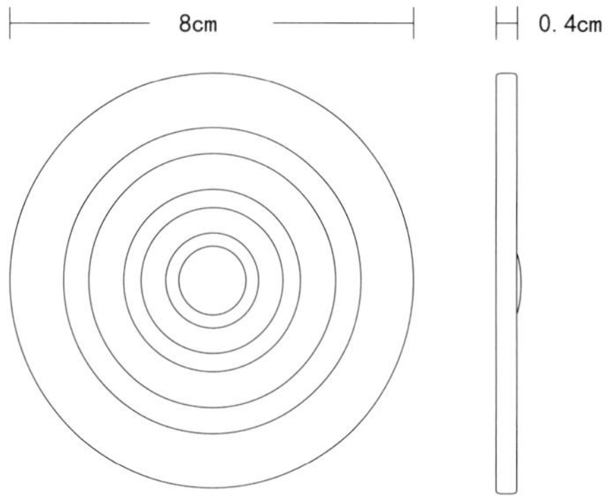

规格

直径 8cm

厚度 0.4cm

重量 132.2g

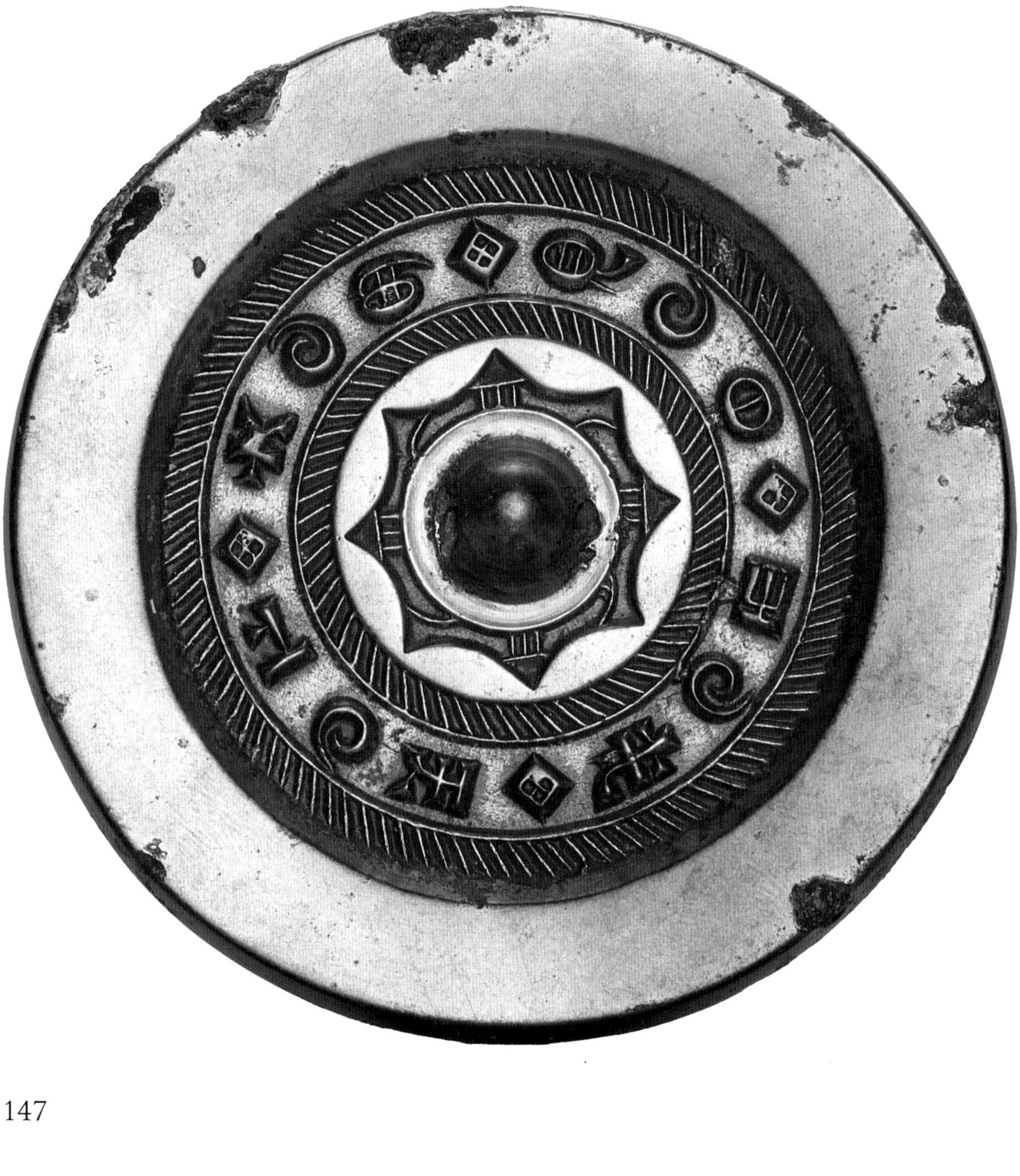

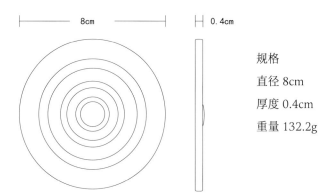

“见日之光”铭单圈铭文镜

圆形，半球钮，圆形钮座。铜镜内区有等间隔的四段弧线与双线圆环纹连接，双线圆环纹外为铭文带，铭文为『见日之光长毋相忘』，每两字以旋纹相隔。外区依次为窄斜线纹带和宽素缘。

西汉，特别是武帝一朝，统治者执着于开疆拓土，四夷臣服，导致战争频仍，百姓饱受流离分别之苦。有情人长相厮守已是一种奢望，良人出征远行，妻子赠之以镜，镜铸之以铭，蔚为一种风俗。『见日之光，长毋相忘』是镜铭中最常见的，却也是最朴素、最深情的。

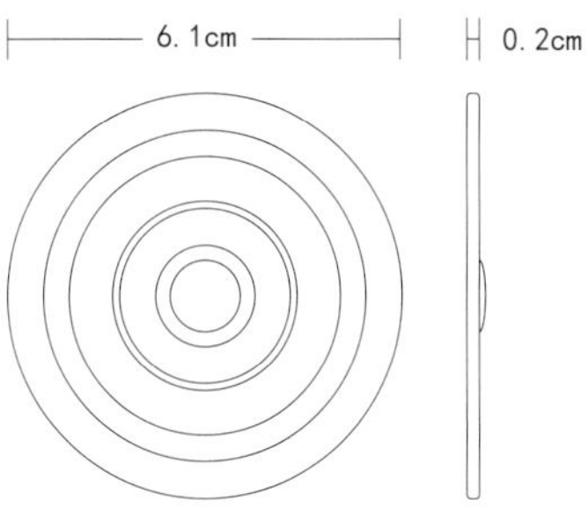

规格

直径 6.1cm

厚度 0.2cm

重量 40g

“昭明”铭单圈铭文镜

圆形，半球钮，连珠纹钮座。连珠纹每三个为一组，将铜镜内区等分成四个部分，并用线段分隔。铜镜中区为窄凸圆环，外区为两圈窄斜线纹带及夹于其间的铭文带，铭文为『内清之以昭明光之象夫日月心忽不泄』。最外侧为素缘。

该镜通体黑漆古，版模、工艺俱佳。铭文有简省，完整铭文当为『内清质以昭明，光辉象夫日月，心忽扬而愿忠，然壅塞而不泄』。铭文前两句咏铜镜材质精良，照出的光可比日月，后两句则似对镜自怜，感慨怀才不遇。镜里与镜外，镜与人，竟合二为一，圆融一片了。

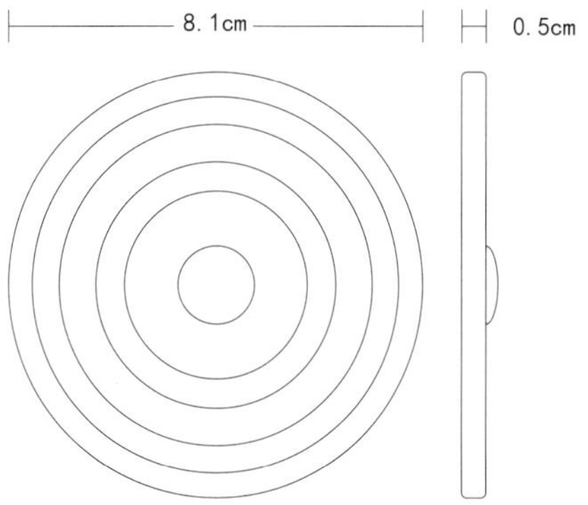

规格

直径 8.1cm

厚度 0.5cm

重量 90.3g

“昭明”铭文镜

圆形，半球钮，连珠纹钮座。连珠纹每三个为一组，将铜镜内区等分成四个部分，并用线段分隔。铜镜中区向外依次为窄凸圆环、简单的装饰性纹饰、内向八连弧纹带。铜镜外区则为两圈窄斜线纹带及夹于其间的铭文带，铭文为『内清质以昭明光象夫日月心忽忠然不泄口』。最外是宽素缘。

此镜版模精良，字口清晰，水银古的光泽尤为温润。『昭明』镜铭颇有士大夫感时伤世之慨，隐隐透露出当时的社会风气和政治氛围。据史书记载，汉元帝执政期间宠信宦官、外戚，导致朋党之争渐起，豪强兼并之风盛行，社会危机日益加深，为西汉王朝的覆灭埋下了祸根。此『昭明』铭文镜或为西汉将衰未衰时期的产物。

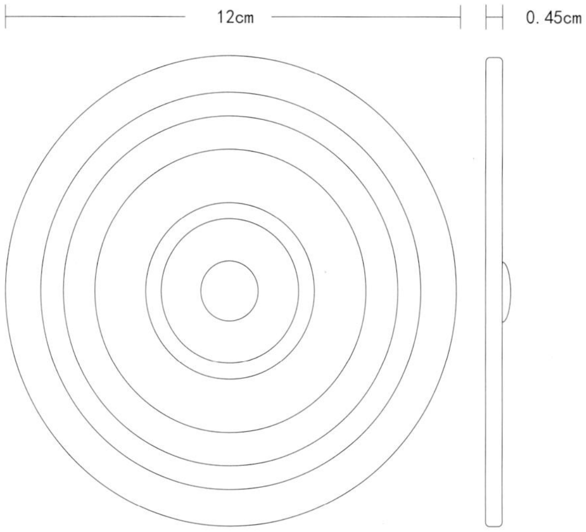

规格

直径 12cm

厚度 0.45cm

重量 278.1g

“日有熹”铭单圈铭文镜

圆形，半球钮，连珠纹钮座，连珠纹每三个为一组。铜镜内区是椭圆形线条，中区依次为窄斜线纹带、窄凸圆环和内向八连弧纹带，窄凸圆环与内向八连弧纹带之间有简单纹饰，外区为两圈窄斜线纹带及夹于其间的铭文带，铭文当读作『日有熹，月有富。乐毋事，宜酒食，居而必安毋忧患。竽瑟侍，心志欢，乐已茂兮固常然』。最外是宽素缘。

此镜版模佳，锈色美，文字精。经过文景之治，汉代先民逐渐习惯于安居乐业的生活，也更加注重现实生活的情趣，世俗的享乐因此在铜镜铭文上得到体现，间接地反映了这一时期社会的稳定和人民生活的富足。

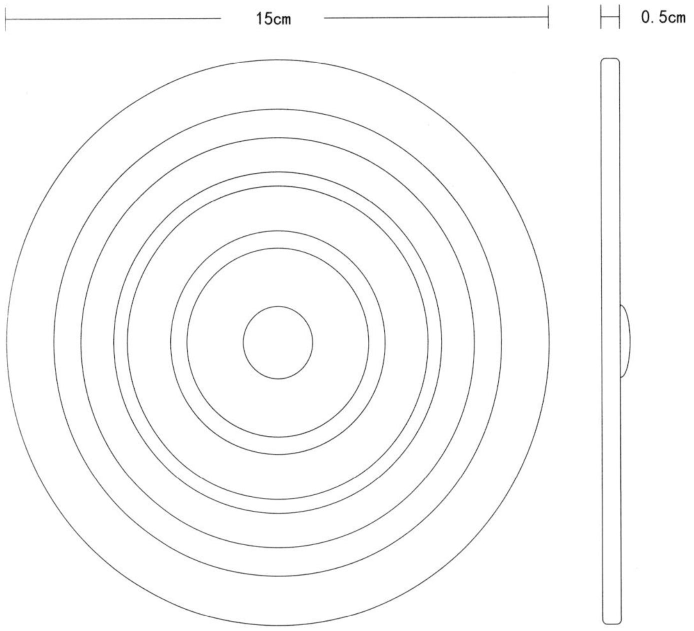

规格

直径 15cm

厚度 0.5cm

重量 541.1g

“絜清”铭单圈铭文镜

圆形，半球钮，连珠纹钮座，连珠纹每两个为一组。铜镜内区为椭圆形线条，中区依次为窄斜线纹带、窄凸圆环和内向八连弧纹带，窄凸圆环与内向八连弧纹带之间有鸟形和几何形纹饰，再往外则为两圈窄斜线纹带及夹于其间的铭文带，铭文为『絜清而事怨弃明玄锡志□□而日忘□之□□□□莫之□□□□之思而毋绝』。最外是宽素缘。

该镜铸造精良，版模、工艺俱臻上乘，铭文布置得宜，笔画爽利。单圈铭文镜上的铭文常有减省，且多用通假字、音近字、形近字，间有错讹字，释读不易。此镜铭应属于『絜清』铭一类，综合各家研究成果，其完整铭文当为：『絜清白而事君，怨沄秽之弇明。微玄锡之流泽，恐疏远而日忘。怀媚美之躬体，外承欢之可悦。慕窈窕之灵影，愿永思而毋绝。』铭文大意是：『我质地清白，竭力地侍奉你，担心污垢使我不再明亮，没有镜药（玄锡）的擦拭，时间久了，恐怕你会把我遗忘。内中怀着妩媚的体质，承受着的欢爱令人愉悦，这镜中窈窕的倩影，愿你永远相思不要忘怀。』

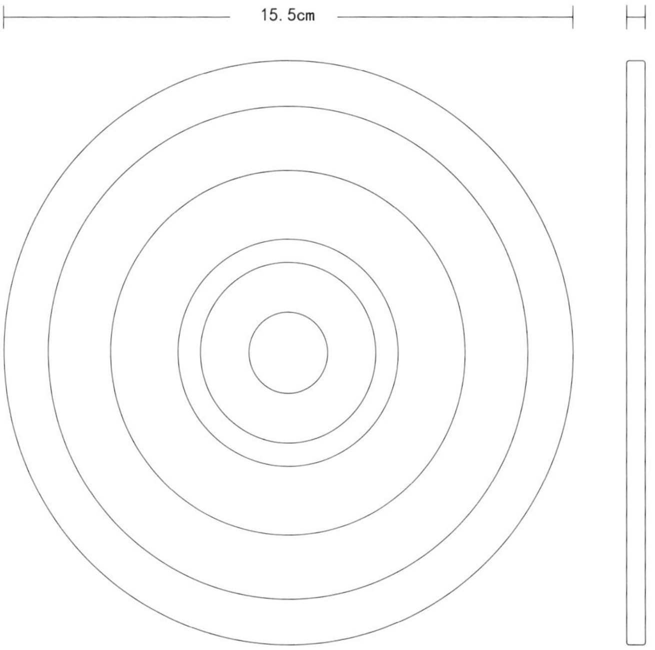

规格

直径 15.5cm

厚度 0.55cm

重量 469g

“絜清”铭单圈铭文镜

圆形，半球钮，连珠纹钮座，连珠纹每三个为一组。铜镜内区为椭圆形线条，中区依次为窄斜线纹带、窄凸圆环和内向八连弧纹带，窄凸圆环与内向八连弧纹带之间分成四个部分，有简单的纹饰来装饰，外区为两圈窄斜线纹带夹着的铭文带，铭文为『絜清白而事君怨沄之弇明玄锡之流泽恐而日忘美之可□□□愿□而思毋绝□』。最外是宽素缘。

此镜版模精美，铭文深峻，是汉铭文镜中的佳品。铭文第一个字『絜』，一般镜铭著录书籍或者论文都释为『洁』，但仔细分析，如释为『洁』则与后面的『清白』或有叠床架屋之嫌。据学者研究，应释为『竭』，类似于《楚辞》的『竭忠诚而事君』，较释为『洁』更恰当。

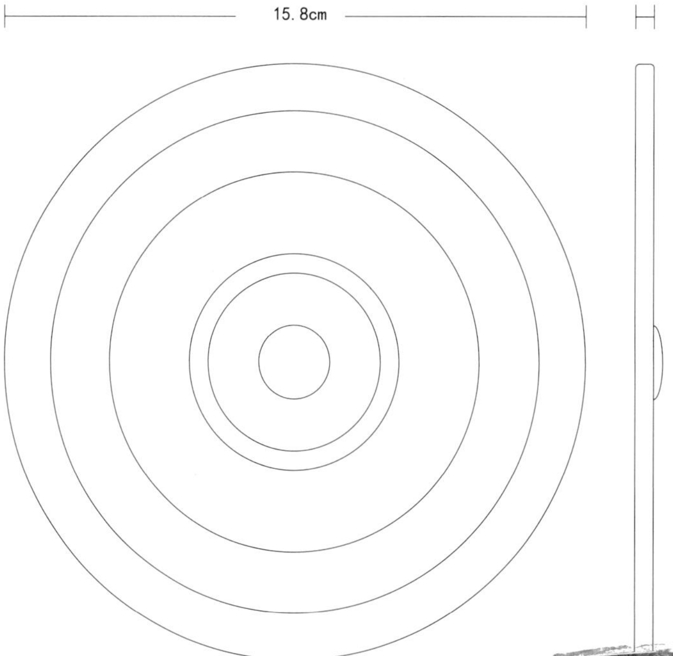

规格

直径 15.8cm

厚度 0.5cm

重量 565.6g

“絜清”铭单圈铭文镜

圆形，半球钮，连珠纹钮座，连珠纹每三个为一组。铜镜内区被短线分成四个部分，中区依次为窄斜线纹带、窄凸圆环和内向八连弧纹带，窄凸圆环与内向八连弧纹带之间饰有简单纹饰，外区为两圈窄斜线纹带及夹于其间的铭文带，最外是素缘。铭文间有时夹有『而』字形符号。

此镜中的内向八连弧纹带，象征着太阳的光芒。值得一提的是，连弧纹纹饰如在内圈，则其数量为八，如在外圈，则为十六，似已成为定式，极少有其他数目的连弧纹纹饰出现。此外，汉镜铭文常用『而』字形、『田』字形、涡旋形符号相隔，比较常见的是一字一隔和两字一隔，似乎只为使铭文填充得均匀而已。

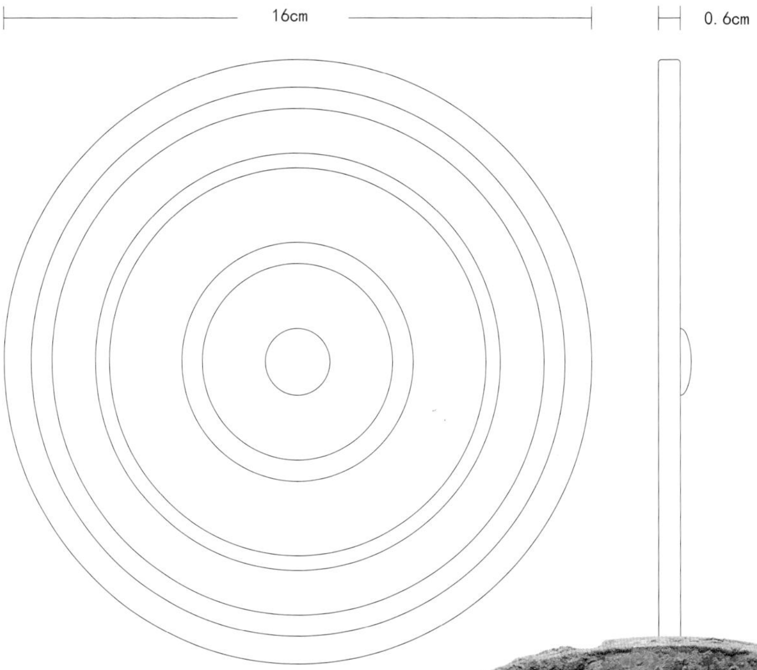

规格

直径 16cm

厚度 0.6cm

重量 432.5g

"见日之光""昭明"铭双圈铭文镜

圆形，半球钮，圆钮座。铜镜内区由短线分成四个部分，每个部分中央有三条弧形纹，外区为夹于两圈凸圆环之间的内圈铭文带，以及夹于两圈窄斜线纹带之间的外圈铭文带，内圈铭文为『见日之光天下大明』，字间有旋纹、『田』字纹交替相隔。外圈铭文为『内清之以昭光辉象夫日月心忽扬而愿忠壅塞泄』。最外是宽素缘。

双圈铭文镜大致与单圈铭文镜同时出现，铭文字数较多，最多可达七十多字。内容常为『见日之光』『昭明』『絜清』这三种的两两组合，偶尔可见内、外圈铭文为同为『昭明』或『絜清』的铜镜。

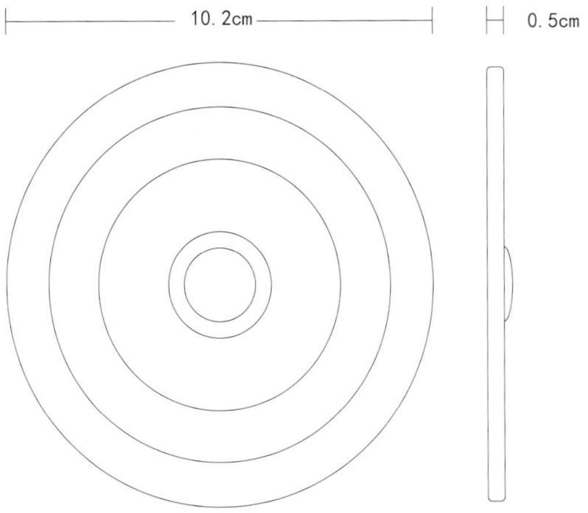

规格

直径 10.2cm

厚度 0.5cm

重量 131.2g

“见日之光”“昭明”铭双圈铭文镜

圆形，半球钮，连珠纹钮座，连珠纹每三个为一组。铜镜内区被短线分成四个部分，中区为两圈凸圆环及夹于其间的内圈铭文带，外区为两圈窄斜线纹带及夹于其间的外圈铭文带，最外是宽素缘。内圈铭文为『见日之光，长毋相忘』，字间有旋纹相隔。外圈铭文为『内清质以昭明光象夫日月心忽扬而之忠然壅塞而不泄』。

此镜版、工俱佳。值得一提的是，外圈『昭明』铭最后的『泄』原当为『彻』。《说文解字》中说：『彻，通也。』此处是为了避汉武帝刘彻的讳，改成了『泄』。在中国传统文化中，在提到君主、长官、父母乃至师友的名字时，不直接写出或者说出的情况，称为避讳。这面铜镜既是古人避讳的实例，同时避汉武帝的讳也佐证了铜镜的年代当在武帝即位以后。

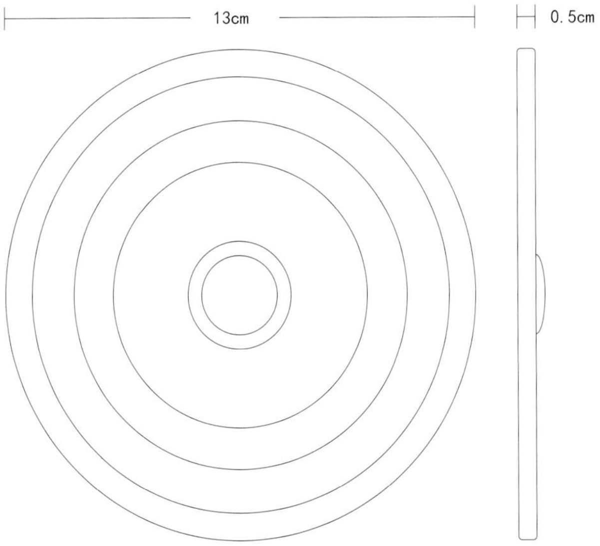

规格

直径 13cm

厚度 0.5cm

重量 347.8g

“昭明”“絜清”铭双圈铭文镜

圆形，半球钮，连珠纹钮座，连珠纹每三个为一组。铜镜内区为椭圆形线条，中区为一圈窄斜线纹，外区为夹于两圈凸圆环之间的内圈铭文带，以及夹于两圈窄斜线纹带之间的外圈铭文带，最外是宽素缘。内圈铭文为『内清质以昭明光夫夫日月心而愿忠然壅塞而不泄』，外圈铭文以双点作为开始标记，铭文为『絜清而事君怨□之弇明微玄锡之流泽恐疏远日忘□美之□□承欢之可悦』。

此镜铭文字数多达五十二字，内容丰富，包含了『昭明』『絜清』两种典型的铭文，在铭文镜中是比较难得的。铭文严谨方正，雄劲饱满，笔画多呈隶意，结构宽博匀称，已经摆脱了秦篆那种婉转圆润的风格，纯是汉篆方折遒劲的风格。

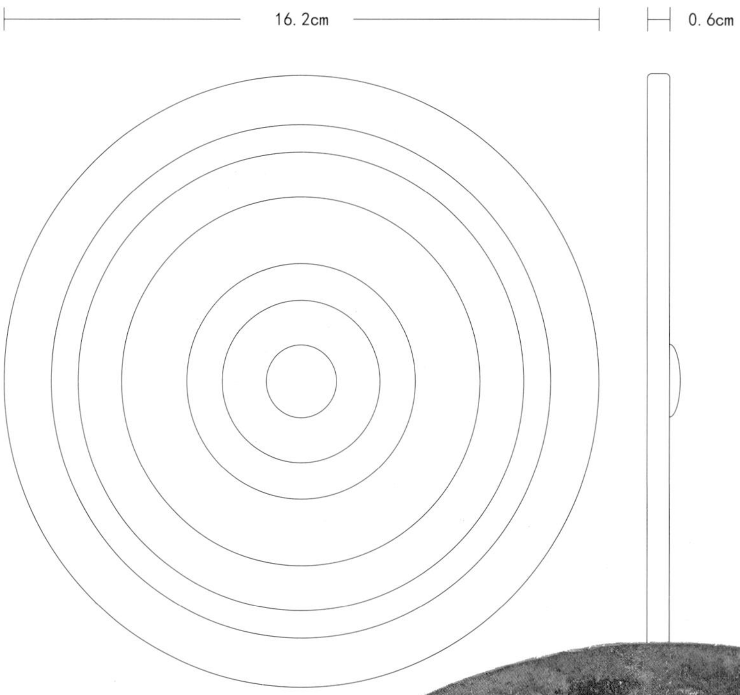

规格

直径 16.2cm

厚度 0.6cm

重量 602.5g

“尚方作镜”
铭十二地支八禽博局纹镜

圆形，半球钮，柿蒂纹钮座。铜镜内区为方形十二地支内圈铭文带，各地支以带圆座孙纹分隔，中区为方形凹面带，再向外则为博局纹，四对带圆座子纹，并有八只珍禽，两两相对于四边角，共同构成主纹，主纹外为铭文带，铭文内容为『尚方作镜真大好上有仙人不知老渴饮玉泉』，外区的环状纹饰依次为斜线纹、锯齿纹、单线水波纹、锯齿纹，最外为向上折起的窄素缘。

此类有似英文字母『T』『L』『V』纹饰的铜镜，早期称为规矩镜。部分学者认为此三种纹饰均类似木工工具中的『规矩』，因此称为规矩镜。1979年有学者提出『规矩镜铜镜也可以称为博局纹铜镜』，随着研究的深入，特别是一些自铭性质铜镜的出土，博局纹的叫法才逐渐为人所接受。

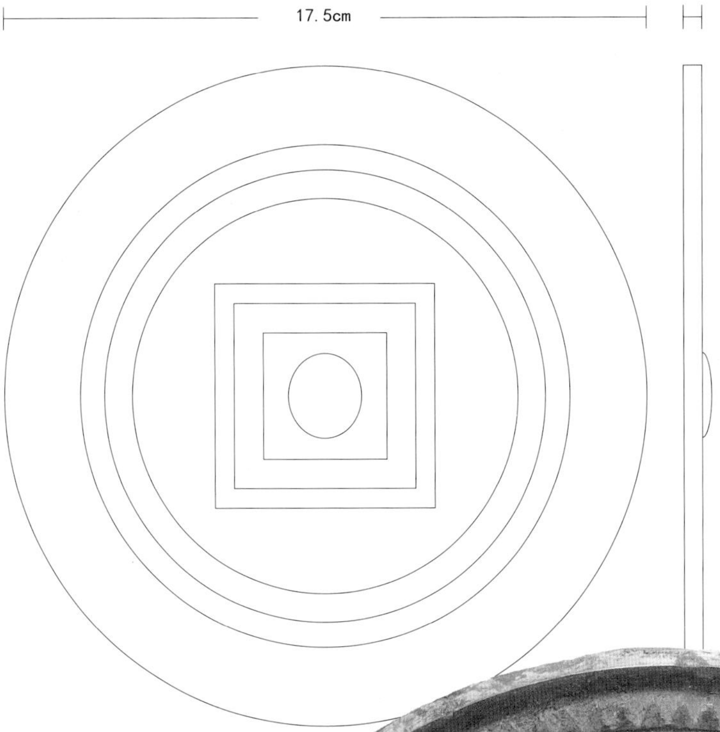

规格

直径 17.5cm

厚度 0.5cm

重量 316.3g

"尚方作镜"
铭十二地支四神博局纹镜

圆形，半球钮，圆形钮座。铜镜内区是方形十二地支内圈铭文带，各地支以带圆座孙纹分隔，中区内圈铭文带外为方形凹面带，再向外则为博局纹，四对带圆座子纹，并用精细的线条依次刻画出青龙、白虎、朱雀、玄武四神兽，另加以珍禽异兽，构成主纹，主纹外为铭文带，铭文为『尚方作镜真大好上有仙人不知老渴饮玉泉饥食枣浮游天下遨四兮』，铭文外为斜线纹，外区外缘依次是锯齿纹、双线水波纹、锯齿纹，最外为窄素缘。

博局纹镜上有类似乳钉状的纹饰，内圈铭文带有十二个，稍小，博局纹附近有八个，稍大，全部带圆座。此类纹饰旧时称乳钉纹。有学者指出，此类镜常有『六子大吉』『八子九孙』『八子十二孙』之类的铭文，『子』『孙』的数目恰与乳钉状纹饰突起数目吻合，与博局纹镜的命名情况类似，因此称为子孙纹。

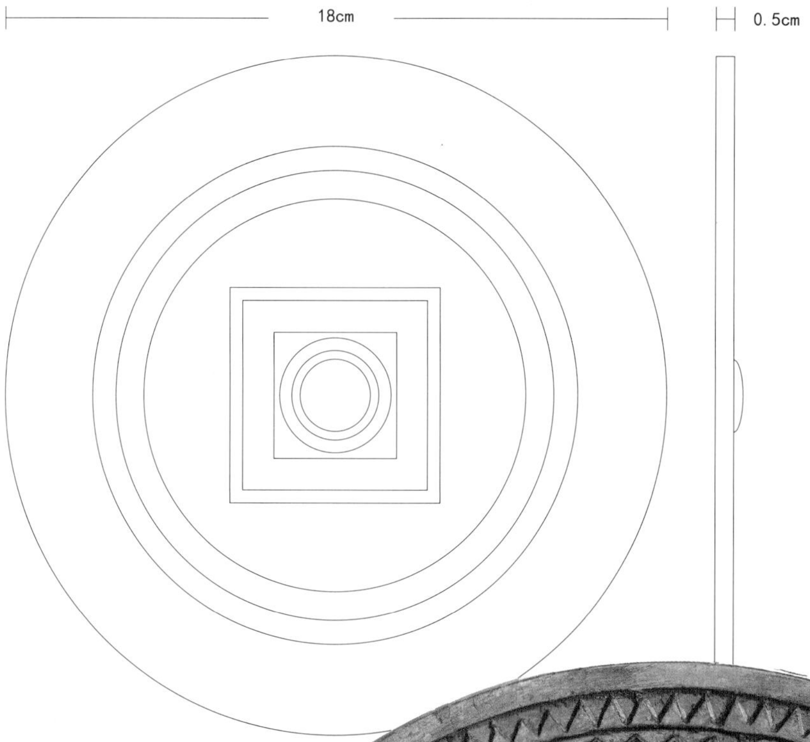

规格

直径 18cm

厚度 0.5cm

重量 626.5g

"尚方佳镜"铭十二地支四神博局纹镜

圆形，半球钮，柿蒂纹钮座。铜镜内区为方形十二地支内圈铭文带，各地支以带圆座孙纹分隔，中区内圈铭文带外为博局纹，间以带圆座子纹，青龙、白虎、朱雀、玄武四神兽刻画精细，并辅以珍禽异兽，构成主纹。主纹外为铭文带，铭文为『尚方佳镜真大好上有仙人不知老渴饮玉泉饥食枣浮游天下遨四海寿如金石』。铭文外为斜线纹，外区依次为锯齿纹、双线水波纹、锯齿纹，最外为窄素缘。

该镜铜质精良，工艺精湛，纹饰刻画精细，双线水波纹带、铭文带及四神兽均采用了『锡汞齐』的特种工艺，俗称为『烫银』，至今仍熠熠生辉。

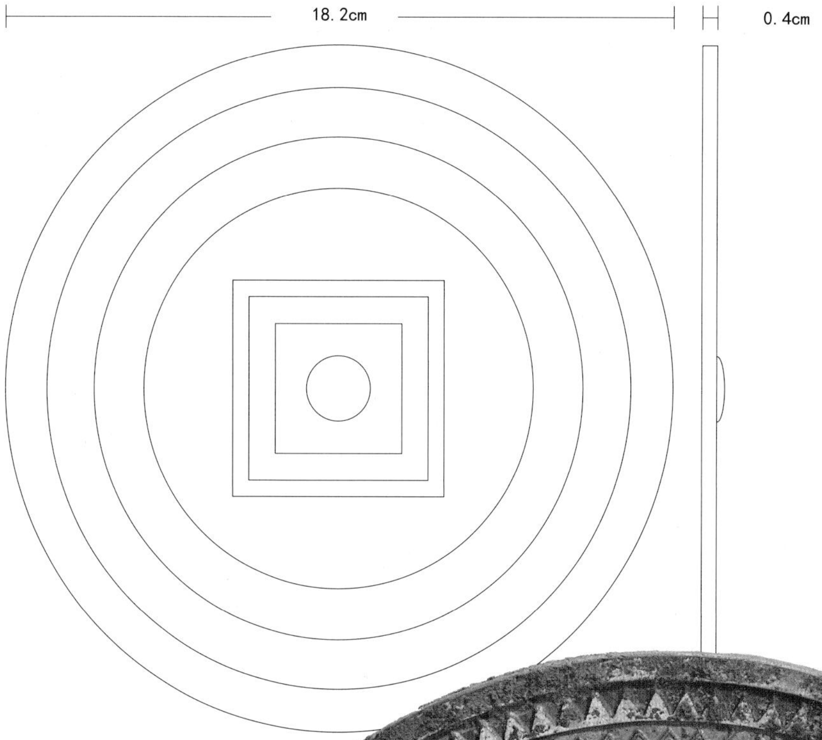

规格

直径 18.2cm

厚度 0.4cm

重量 685.2g

“尚方作镜”

铭十二地支四神博局纹镜

圆形，半球钮，柿蒂纹钮座。铜镜内区为方形十二地支内圈铭文带，各地支以带圆座孙纹分隔，中区内圈铭文带外为双线正方形，再向外则为博局纹，四对带圆座子纹，并用精细的线条依次刻画出青龙、白虎、朱雀、玄武四神兽，另加以珍禽异兽，构成主纹。主纹外为铭文带，铭文为『尚方作镜真大好上有仙人不知老渴饮玉泉饥食枣』，外区为环状纹饰，依次为直线纹、锯齿纹、单线水波纹、锯齿纹，最外为窄素缘。

该镜是博局纹镜中的力作，铭文疏朗有致，神兽刻画简劲有力，四神兽既可代表东西南北四方位，也可代表二十八星宿中东西南北各七个星宿。汉代先民在日常生活的铜镜上，铸上四神兽纹饰，祈求降祥瑞、享福祉、避不祥、去灾祸，寄托了他们的美好愿望。

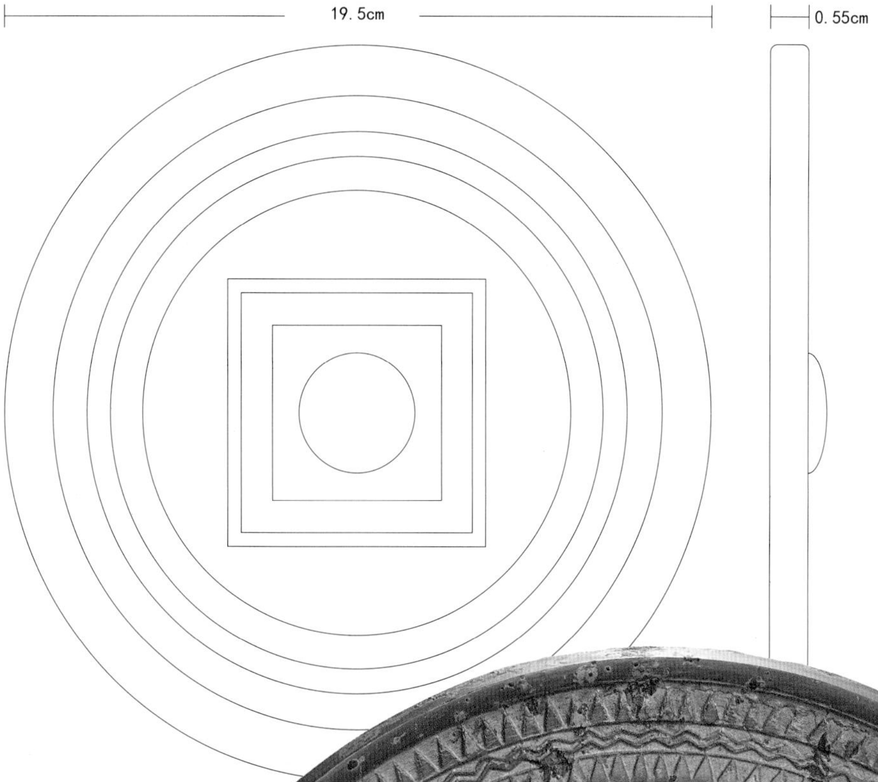

规格

直径 19.5cm

厚度 0.55cm

重量 742.4g

悬针铭四神兽博局纹镜

圆形，半球钮，圆形钮座。铜镜内区为圆形和方形弦纹，并有短直线纹和短弧线纹，中区为方形凹面带，主纹为八子博局纹，在四角分别饰有一只神兽，向外则为一圈『悬针篆』铭文，外区为短斜线纹，外缘凸起，饰有疏朗的羽人驯鹿、九尾狐等仙怪异兽图案。

博局纹铜镜的外缘往往比较宽阔，因此给古代工匠留下了发挥的空间。除了常见的锯齿纹、双线水波纹之外，常见的纹饰还有流云纹、四神兽纹、凤鸟瑞禽纹、几何纹、缠绕花枝纹、六龙驾车、羽人戏龙、九尾狐等。纹饰往往刻画灵动、新奇瑰丽，极富想象力和生命力，成为铜镜欣赏的一个重要方面。

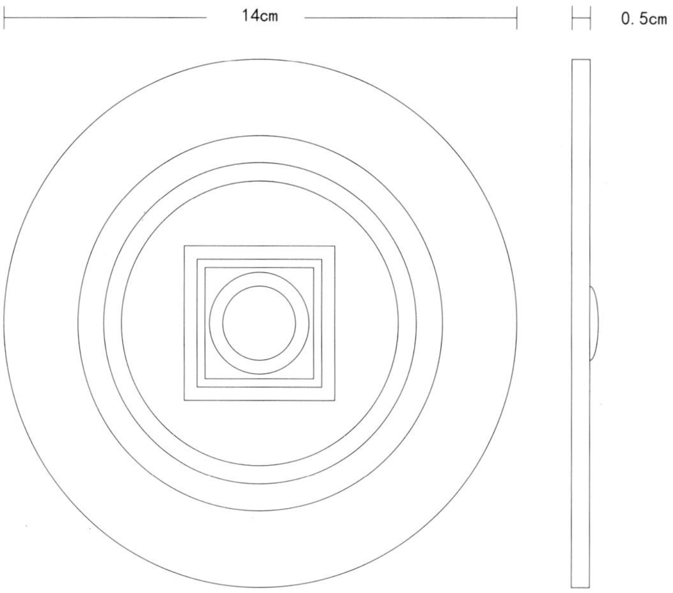

规格

直径 14cm

厚度 0.5cm

重量 490.1g

七子八孙纹神兽镜

圆形，半球钮，圆钮座。铜镜内区为八个带圆座孙纹，孙纹间有简省的十二地支铭文，中区为两圈凸圆环夹着的一周几何形纹饰，再向外则为两圈斜线纹及中间的主纹，七个带圆座子纹，子纹与子纹之间饰有龙、虎、玄武、朱雀等异兽形象。外区有一圈锯齿纹和一圈卷草纹，最外侧为窄素缘。

此镜版工、品相良好，纹饰刻画细腻。值得注意的是，纹饰中有一只异兽，四肢粗壮有力，头部造型甚似骡马，颇疑此即为汉镜铭文中的『巨虚』。巨虚究为何物，今人久作猜疑，但在古代，却并不是冷僻不为人知的。综合历代文献记载及当代学者研究，巨虚应为骡类。大约在商代到春秋战国时期，骡子传入我国。汉初陆贾所著的《新语》中将骡与犀、象、琥珀、珊瑚并列，可见骡子在当时是珍稀物种。总而言之，骡子力量大、耐力强、性格温顺、善解人意，在当时非常珍贵罕见，因此被汉代先民神化成一种异兽，其名称和形象也因此出现在铜镜上。

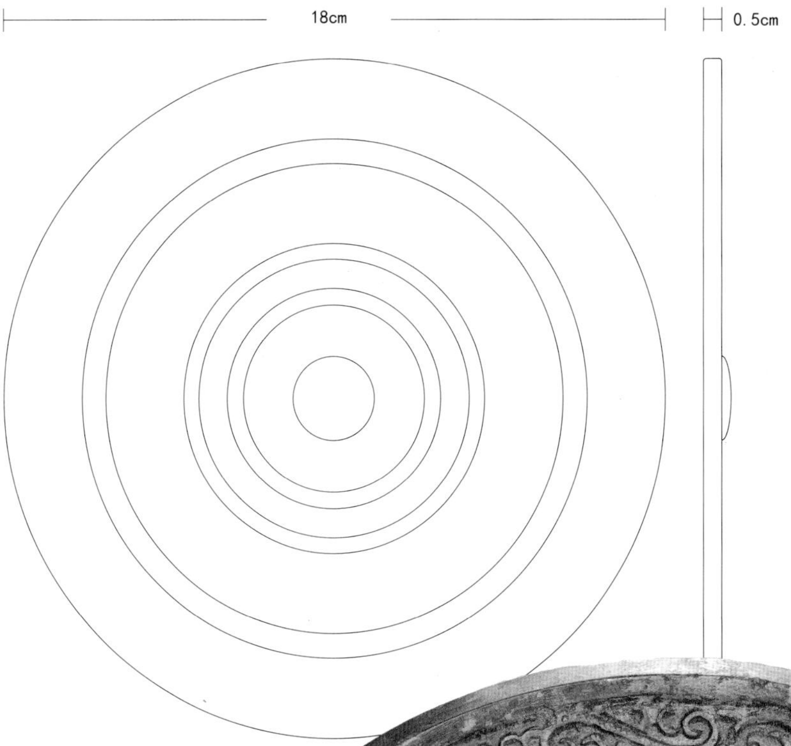

规格

直径 18cm

厚度 0.5cm

重量 396.2g

“君宜高官”铭连弧纹镜

圆形，半球钮，变形的柿蒂纹钮座，柿蒂纹之间有『君宜高官』四字铭文。铜镜内区为窄凸圆环和内向八连弧纹，外区各连弧纹交界处装饰有相间的圆环和点状纹饰，最外侧为微微突起的宽素缘。

此镜版模、品相上佳，光气尤好，历经千年，镜面仍能光可鉴人。『君宜高官』属于吉语，与之相类的还有『位至三公』，两者都体现了人们对仕途高升的渴望。四字吉语铭文在汉镜中甚为流行，其他四字吉语还有『长宜子孙』『家常贵富』『千秋万岁』等等。

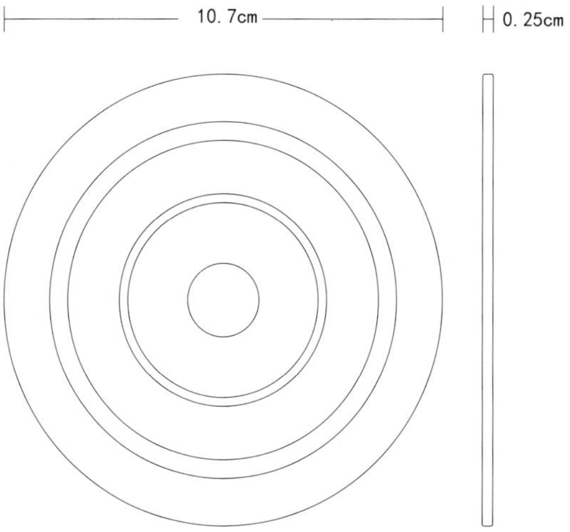

规格

直径 10.7cm

厚度 0.25cm

重量 116.2g

错金铁镜

圆形，半球钮，铁制。据镜面残存的金线，推测其纹饰为十六连弧纹的镜缘，连弧纹内饰有云气图案，四叶八凤或瑞兽八凤的主纹，柿蒂纹的钮座。

目前所知最早的铁镜可以上溯到西汉。1969 年河北定县东汉熹平三年中山穆王刘畅墓出土了 19 面镜子，其中最具艺术性的当属一面错金银铁镜。铁镜易于腐蚀，难于保存，因而无法分辨纹饰的细微之处。从残存的光色和耀眼的金线，仍可感知到此镜的奢华与珍秘，应该是最高等级的统治者才能享用的。镜背上错金错银，是铜镜的特种工艺之一。其他特种工艺镜还有战国时期的镂空复合镜、嵌松石玉石镜，两汉时期的鎏金描金镜，唐代的金银平脱镜、金壳银壳镜等。几乎每一种特种工艺镜都代表了那个时代铜镜工艺的最高水准，是藏家竞相追逐的绝品。

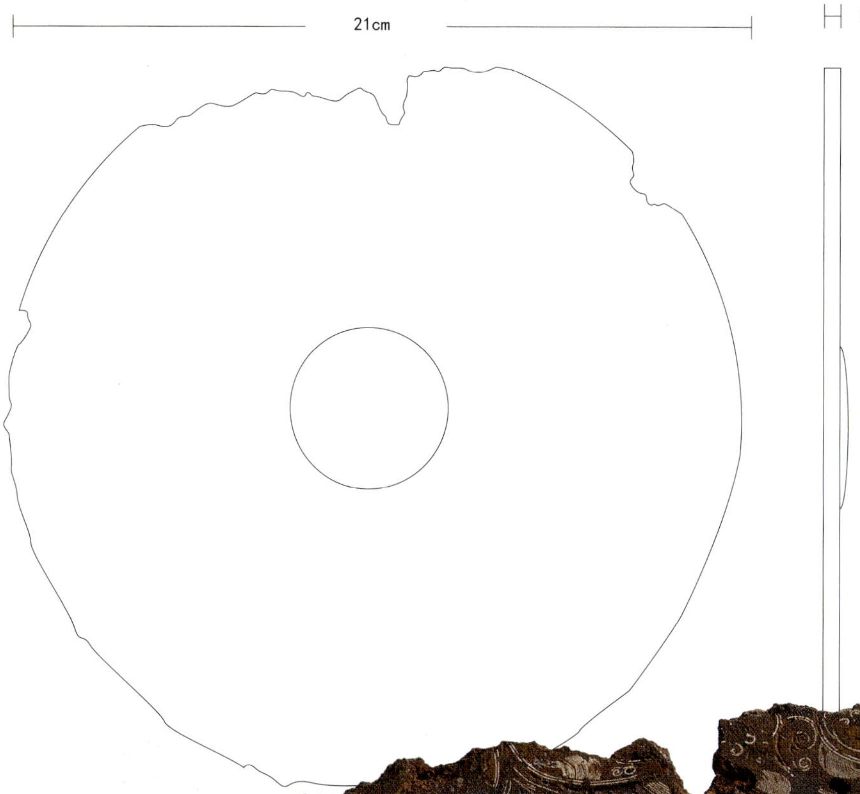

规格

直径 21cm

厚度 0.45cm

重量 580.5g

“国家人民”铭龙虎镜

圆形，半球钮，圆钮座。铜镜内区为高浮雕龙虎主纹，左侧猛虎怒目圆睁，俯首耸肩，右侧蛟龙为独角，獠牙外露，龙鳞突起，龙虎均有部分身躯压在镜钮下，龙虎尾部有羽人驱赶一只似鹿瑞兽。中区主纹外为一圈铭文，铭文为『青盖作镜四夷服多贺国家人民息胡虏殄灭天下复风雨时节五谷熟长保二亲得天力传告后世乐无极』。铭文外为斜线纹，外缘凸起，外区纹饰依次为锯齿纹、双线水波纹、锯齿纹，最外为窄素缘。

此镜铸造工艺精湛，高浮雕的龙虎力与美兼备，尤为难得是铭文的书写，萧散有致，用字规范，语意完整，内涵丰富，十分难得。铭文中『青盖作镜四夷服，多贺国家人民息，胡虏殄灭天下复』是对国家安危的关心，『风雨时节五谷熟』是对社会生产的企望，『长保二亲得天力』是对父母的孝心，『传吉后世乐无极』是对子孙的祝福。短短几句铭文，国家、社会、父母、子孙尽在其中，极为生动地体现了家国情怀。

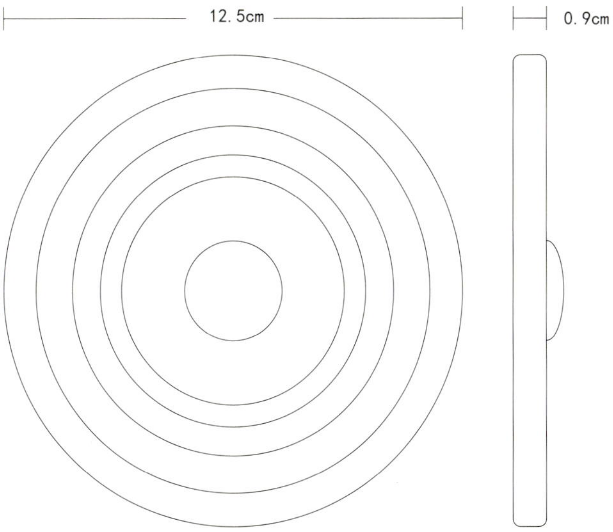

规格

直径 12.5cm

厚度 0.9cm

重量 550.8g

“国家人民”铭龙虎镜（黑漆古）

该铜镜的形制、纹饰、铭文与『国家人民』铭龙虎镜类似。由于出土环境、铜锡配比不同，两件铜镜所呈现的面貌有很大区别，此镜为『水坑』黑漆古质地。

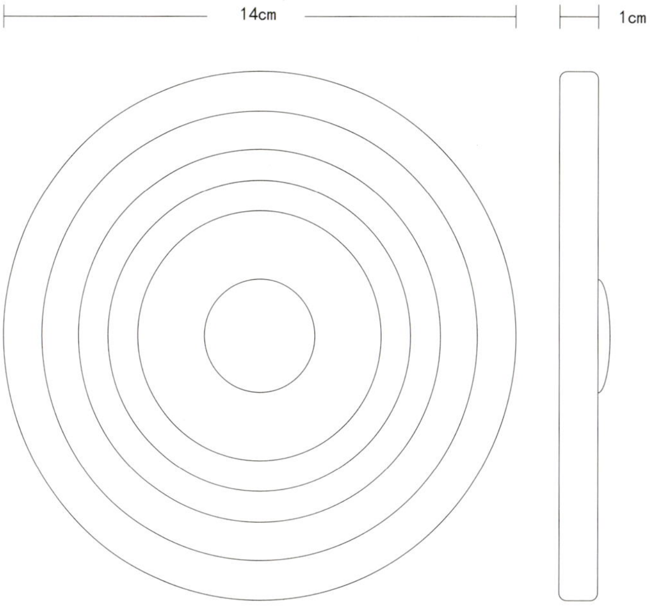

规格

直径 14cm

厚度 1cm

重量 749.6g

“青盖”铭龙虎镜

圆形，半球钮，圆钮座。铜镜内区主纹为青龙、白虎左右对峙，二神兽怒目相向，巨口獠牙，身躯扭在一处，恰好被镜钮所压。龙虎左下方为一只鹿，旁有『青盖』二字铭。外区外缘凸起，纹饰依次为锯齿纹、双线水波纹，最外侧为窄素缘。

该镜应为『青盖作镜』类铭文的简写。『青盖』本义是青色的车盖，汉制用于皇太子、皇子所乘之车，也可指代帝王，如汉阮瑀《琴歌》中说：『青盖巡九州，在东西人怨。』此处的青盖，应是官方机构的代称，表明铜镜的官铸身份，与『尚方作镜』的『尚方』类似。

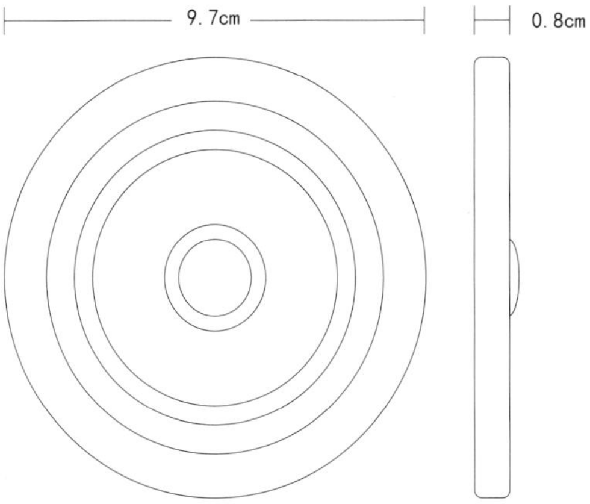

规格

直径 9.7cm

厚度 0.8cm

重量 248.8g

"天王日月"铭半圆方枚镜

圆形，半球钮，圆钮座。铜镜内区主纹采用高浮雕技法，塑有三组形象，每组有一位丰髯仙人，仙人旁有宝珠形纹饰，宝珠上立有一只瑞禽，旁有一口中衔矩的神兽。中区为十一枚半圆方枚纹饰，半圆上装饰有细小卷纹，方枚上有单字铭文，合为『天王日月作明镜幽湅三商』，外缘凸起，凸起斜面上饰有短线纹。外区内圈纹饰为六龙驾车、仙人出行等图案，外圈纹饰为三角形杂以卷纹的几何图案。

铜镜铭文中『幽湅三商』的含义，历来众说纷纭。目前比较可信的一种说法是，『三商』应指铜、锡、铅，『幽湅三商』是隐蔽地、神秘地、巧妙地熔炼铜、锡、铅。

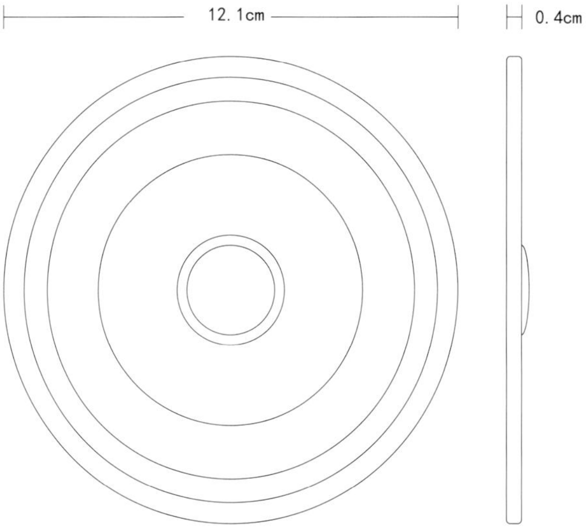

规格

直径 12.1cm

厚度 0.4cm

重量 250.5g

半圆方枚神兽镜

圆形，半球钮，圆钮座。铜镜内区主纹采用高浮雕技法，塑有四组形象，每组有一位丰髯仙人，仙人旁有类宝珠形纹饰，宝珠上立有一只瑞禽，旁有一口中衔矩的神兽。中区为十二枚半圆方枚纹饰，半圆上饰有细小卷纹，方枚上有单字铭文，外缘凸起，凸起斜面上饰有短线纹，外区内圈为一圈铭文。

半圆方枚神兽镜作为经典的铜镜版式之一，盛行于东汉中期至三国之间，纹饰采用高浮雕工艺，刻画精细，特别是其中的人物形象，神态安然，处处流露出仙风道骨，仿佛随时会高飞远举、登仙羽化，达到了极高的艺术成就。宋人有仿汉唐铜镜之风，此镜即为例证，可见经典版式对后世的深远影响。

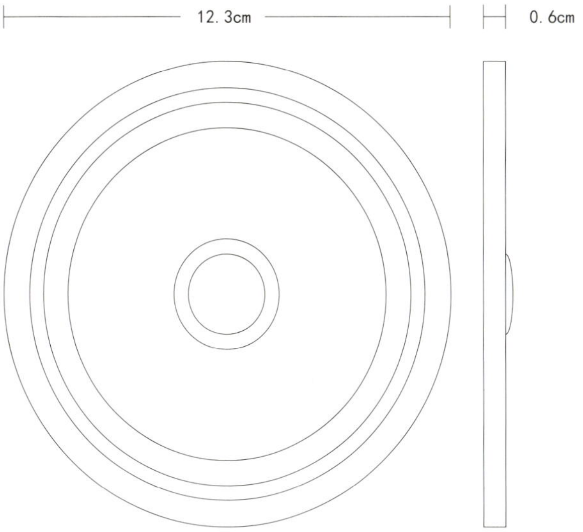

规格

直径 12.3cm

厚度 0.6cm

重量 441.3g

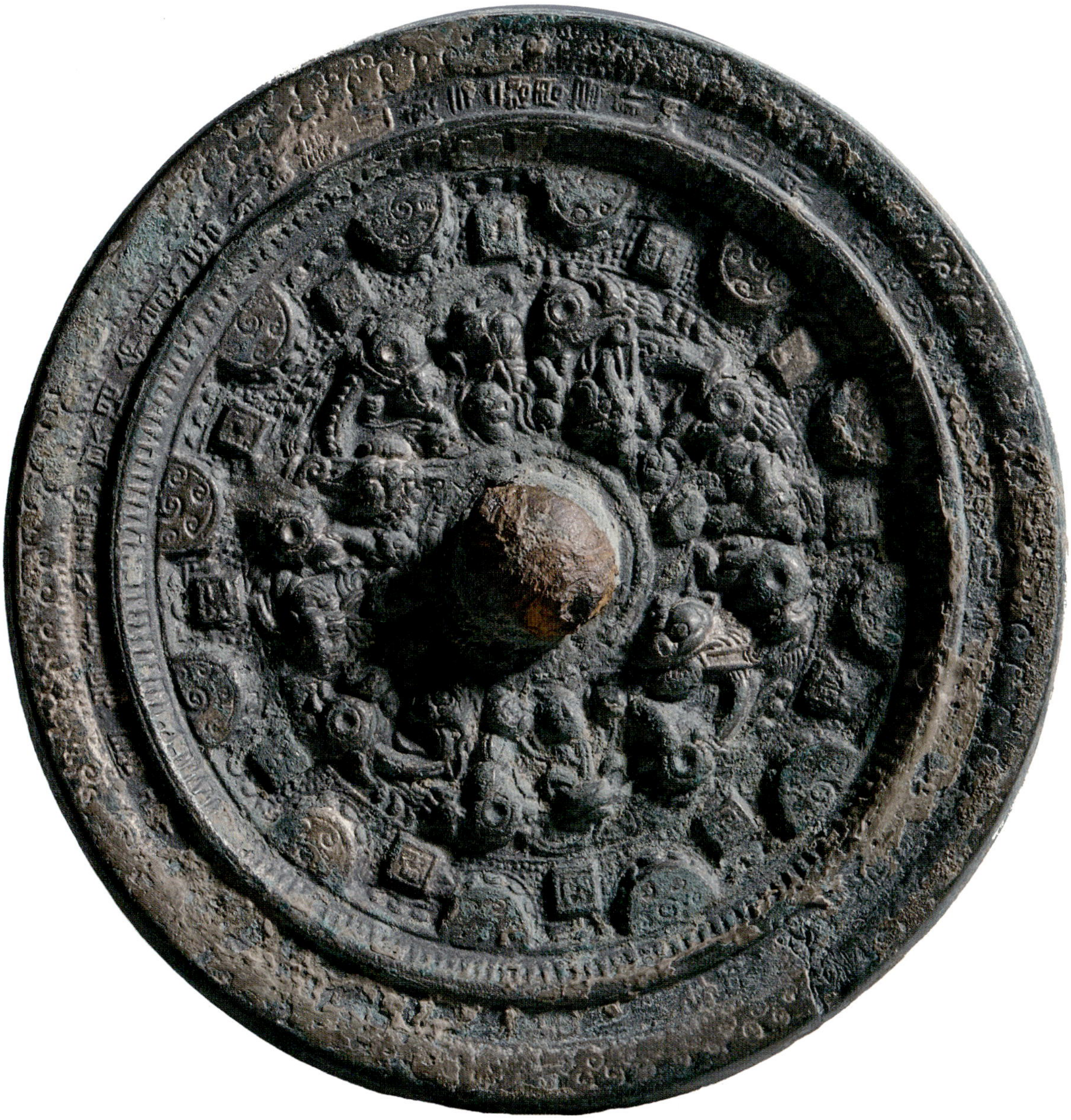

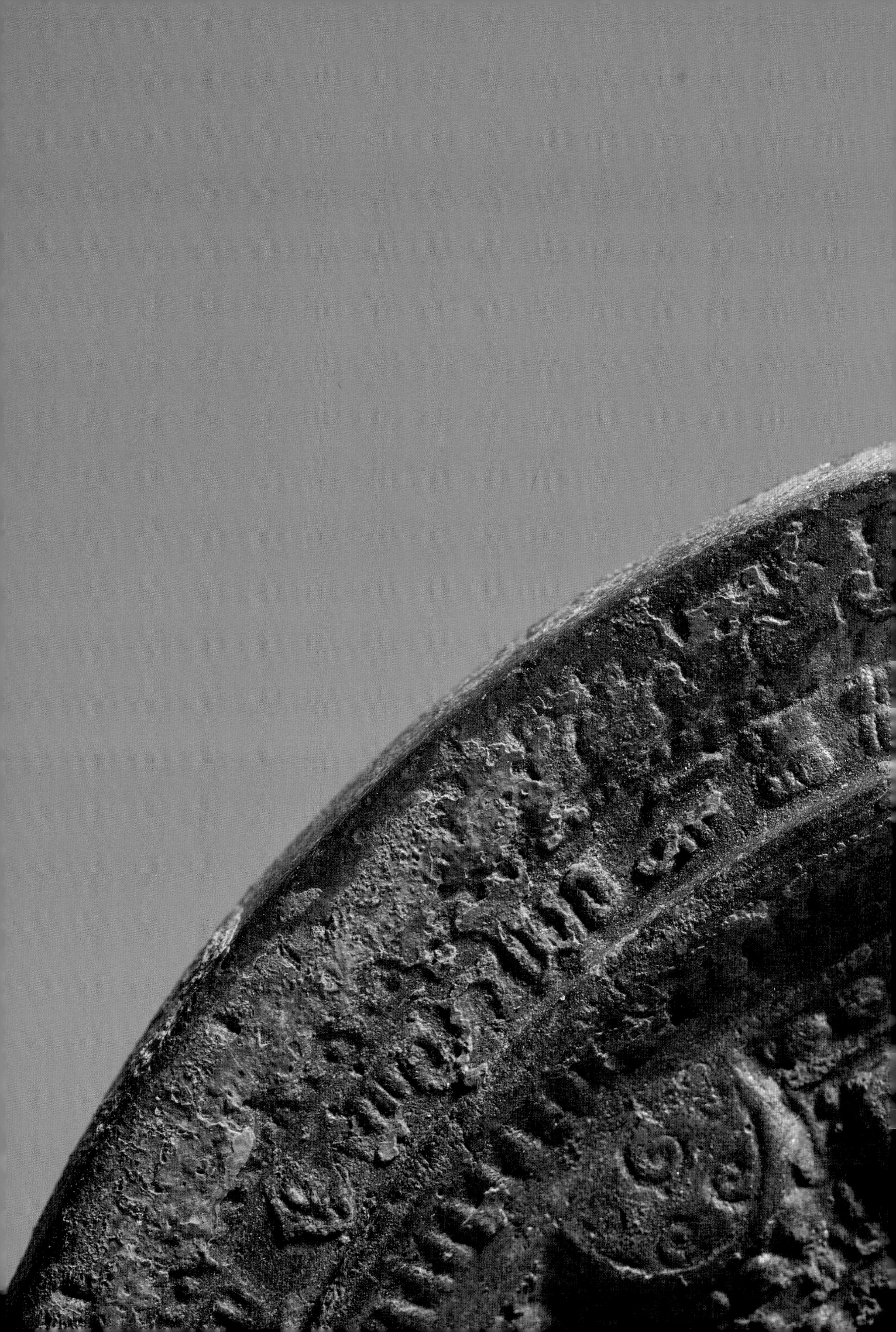

隋唐时期铜镜拓片

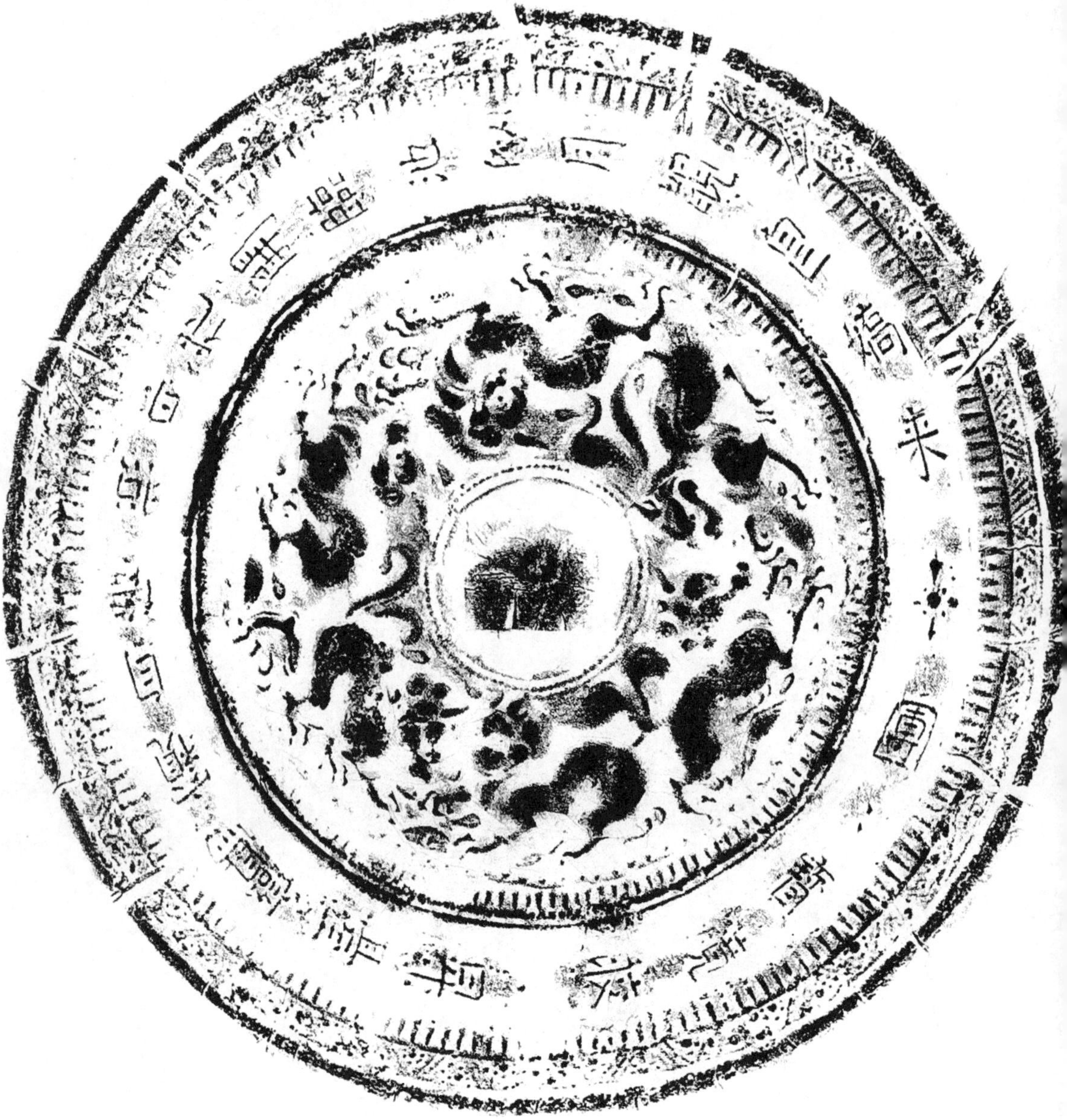

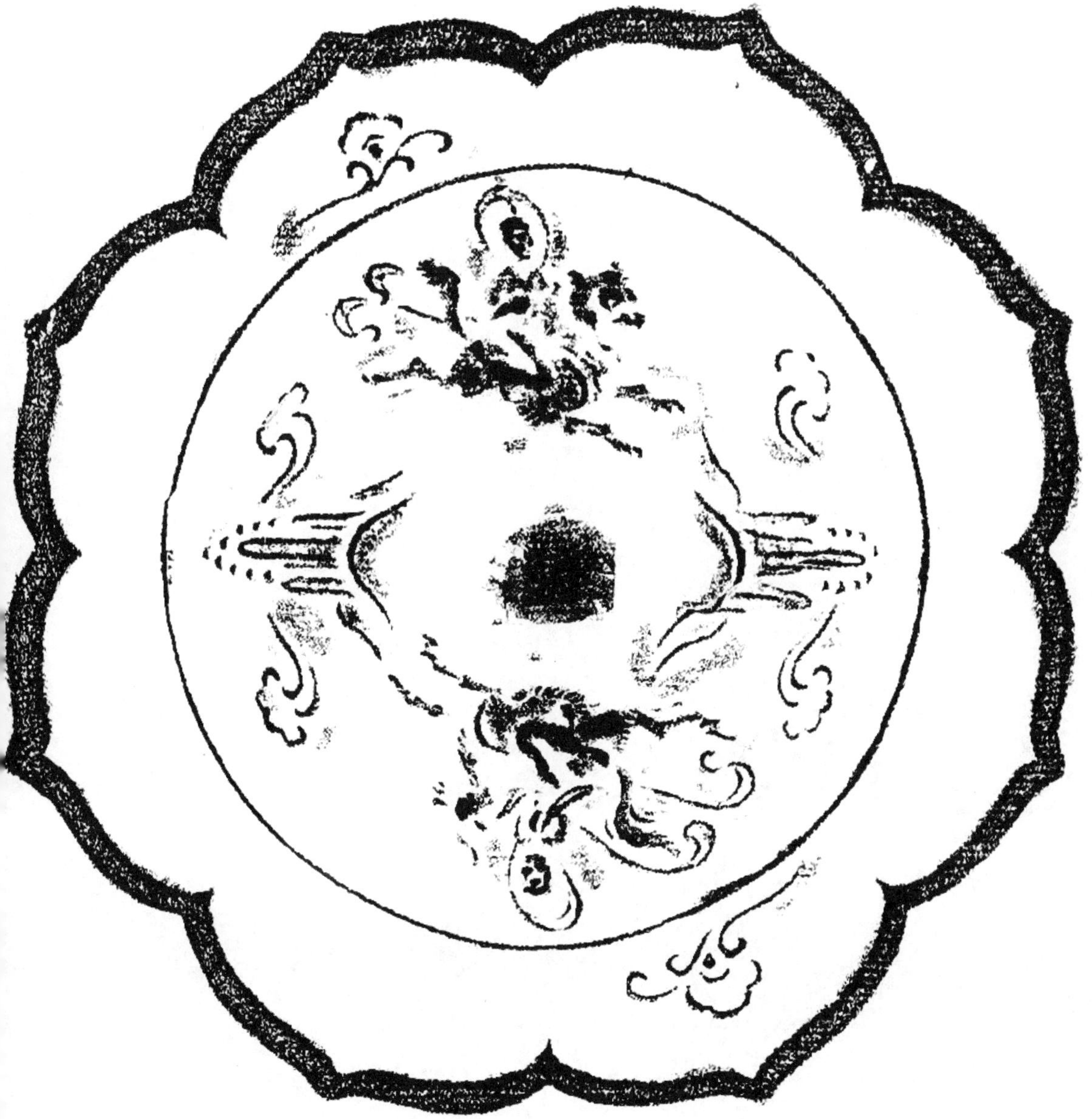

隋唐时期铜镜

瑞兽铭文镜

圆形，半球钮，圆钮座，钮座外一周为细密连珠纹。装饰有疏、密各一周锯齿纹的凸圈将镜背纹饰分为内、外两区，内区有六只瑞兽，两两相对，造型各异，神态生动；外区则有一圈铭文『团团宝镜皎皎升台鸾窥自舞照日花开临池览月睹貌娇来』，铭文由十字星形图案构成。高起的外缘由两圈纹饰构成，一圈为锯齿形纹饰，另一圈则是等间距排列的两朵梅花、三段斜线的组合图案。

此镜是隋或唐初形制，开唐代海兽葡萄镜先声。铭文句读当为『团团宝镜，皎皎升台，鸾窥自舞，照日花开，临池似月，睹貌娇来』，形容宝镜的美好与神奇之处。

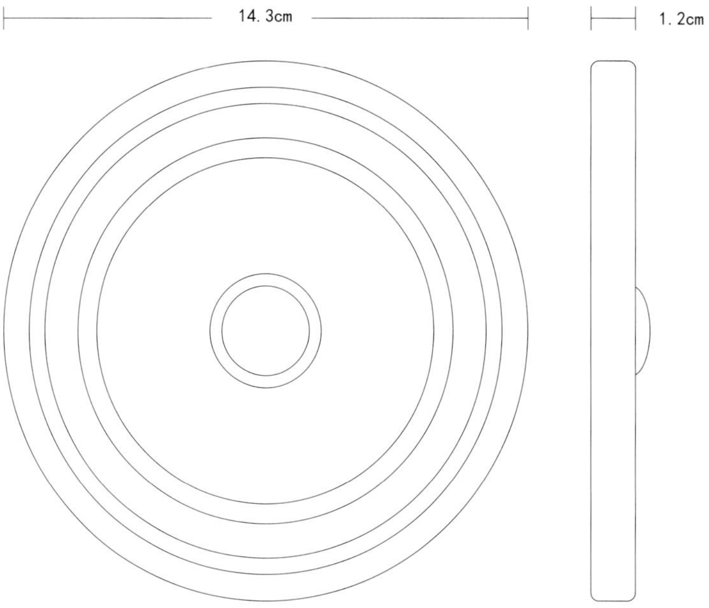

规格

直径 14.3cm

厚度 1.2cm

重量 646.7g

池
月

瑞兽纹镜

圆形，平顶圆钮，圆钮座。铜镜内区为缠枝的葡萄枝叶果实纹饰，顺时针方向奔跑着四只瑞兽，或昂首奋蹄，或回首呼应，神情逼真，姿态生动。外区边缘凸起，凸起斜面上饰有两周锯齿纹。该镜造型舒展简括，犹存北朝遗风，应为隋或唐早期之物。

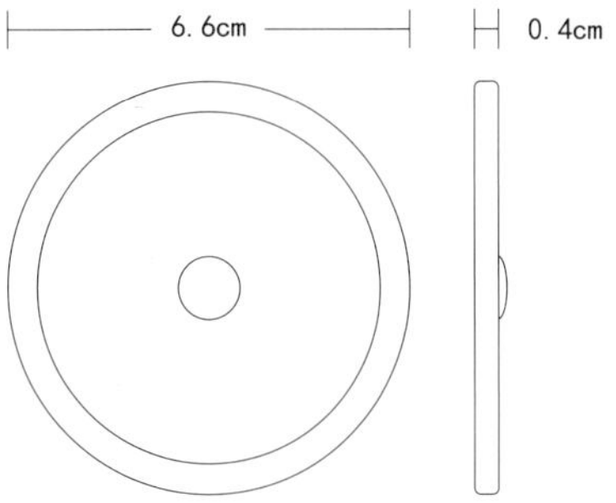

规格

直径 6.6cm

厚度 0.4cm

重量 48.5g

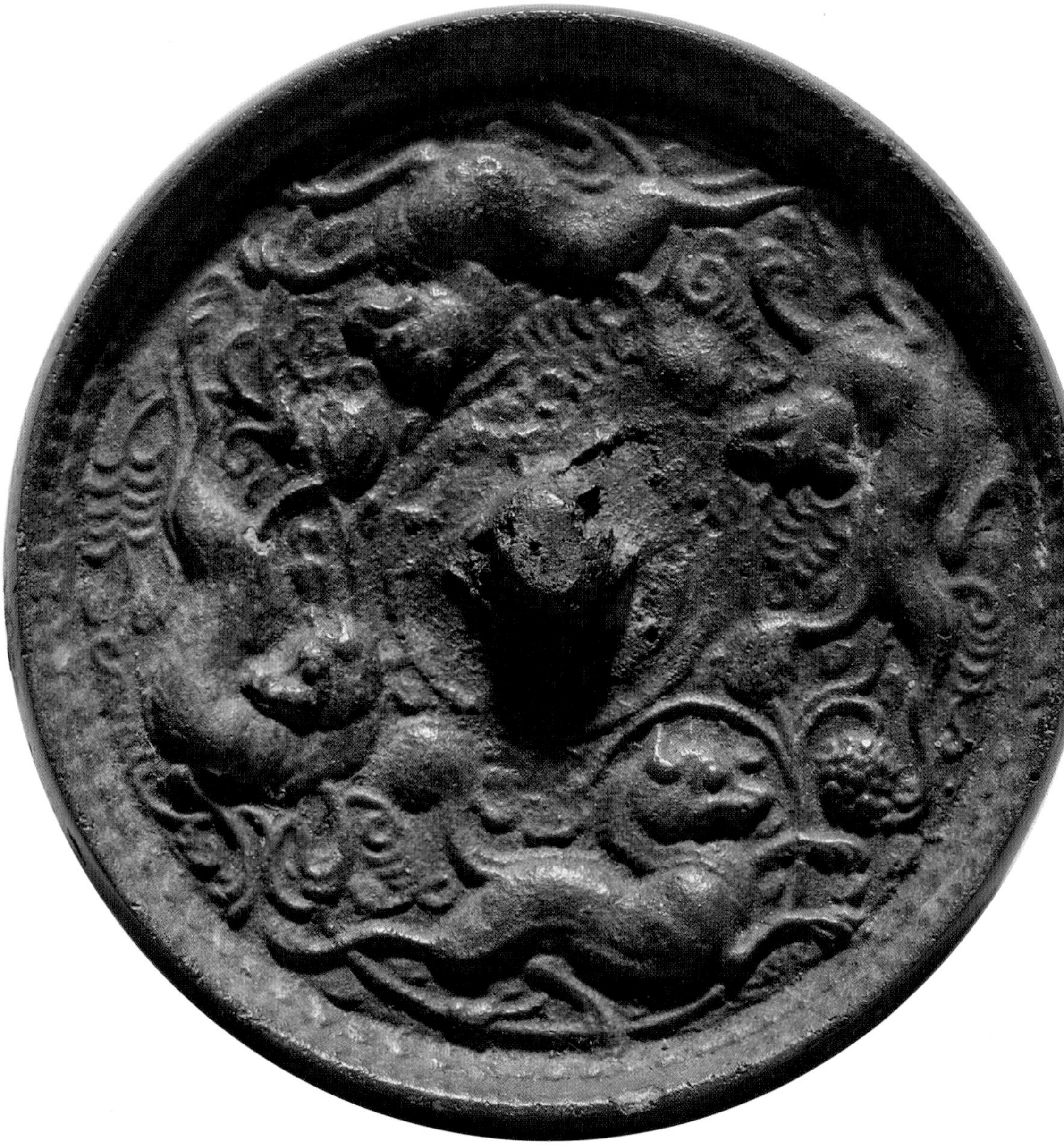

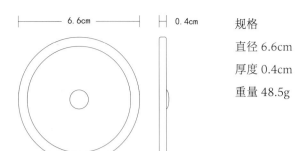

海兽葡萄镜

圆形，伏兽钮。双弦纹凸圈将镜背纹饰分为内、外两区，内区缠绕的葡萄枝蔓间，六只海兽嬉戏其间，它们或立、或坐、或昂首、或蜷曲，造型各异，神态生动，外区则有各色珍禽在啄食葡萄，刻画精细，镜缘处装饰有一圈花卉。

海兽葡萄镜流行于唐高宗、武周时期，是唐代铜镜名品。宋徽宗时期的《宣和博古图》称为『海马葡萄镜』，至清梁诗正等纂修《西清古鉴》时，开始改称为『海兽葡萄镜』并广为流传。高宗、武周时期是唐代最为强大、繁荣和先进的时期，海兽葡萄镜也因此随着唐代文化与文明的影响力，远播到中亚、西伯利亚、日本等地。直到如今，在上述各地，仍时有实物出土，而且中国唐以后的宋、辽、金、元、明代也均有仿制，可见海兽葡萄镜流布之广，影响之久。

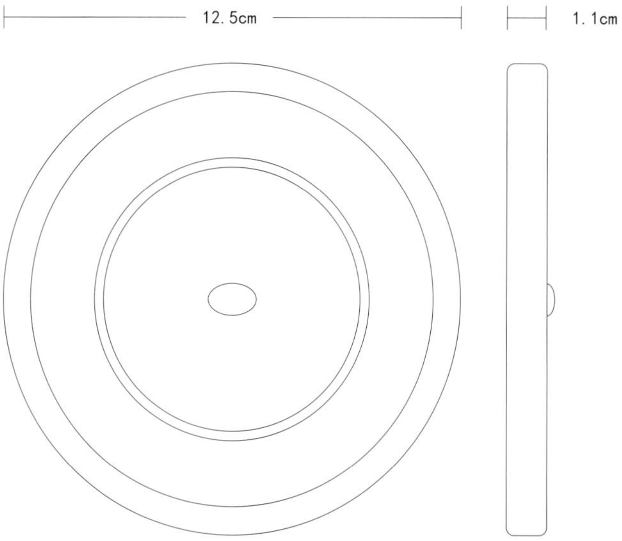

规格

直径 12.5cm

厚度 1.1cm

重量 533.9g

孔雀海兽葡萄镜

圆形，伏兽钮。双弦纹凸圈将镜背纹饰分为内、外两区，内区缠绕的葡萄枝蔓间，有四只海兽，两两一组，分别被两只孔雀分隔，海兽皆作昂首向天状，孔雀似在安闲地开屏，海兽及孔雀造型精准，姿态生动，外区则有各色飞禽在葡萄枝叶间栖息、啄食，并有蜻蜓点缀其间，镜缘处装饰有一圈花卉。

这面孔雀海兽葡萄镜除了海兽、小鸟、葡萄枝蔓这些最典型的纹饰之外，还出现了孔雀、蜻蜓的形象，很好地体现了高宗到武周时海兽葡萄镜演变过程，风格由严谨不苟转为自由清新，纹饰由密不透风转为疏密得宜，纹饰内容也更加丰富，特别是孔雀形象的加入，也为玄宗朝花鸟镜的流行透漏了消息。

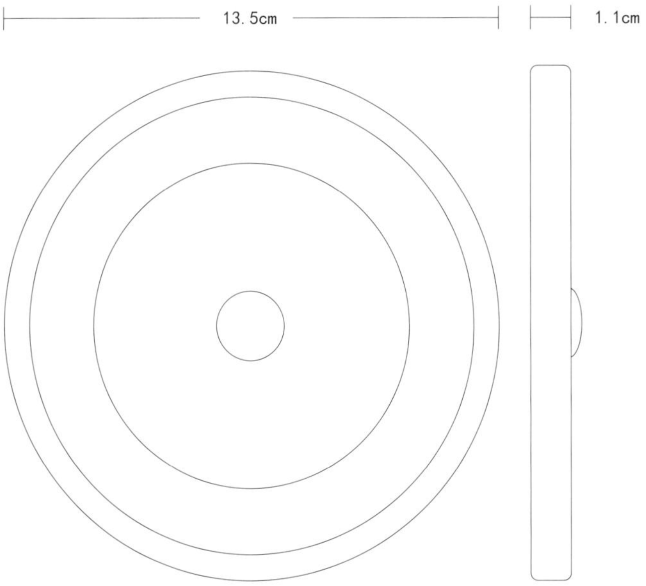

规格

直径 13.5cm

厚度 1.1cm

重量 588.6g

菱花形双仙骑仙山镜

半球钮，无钮座。铜镜内区为陷地浮雕双仙骑纹饰，一仙人骑麒麟，一仙人跨瑞狮，同向绕钮作奔驰状，体态优美，飘飘欲仙。二仙之间有仙山，重峦叠嶂，飞云绕雾，镜缘装饰祥云两朵。

此镜版模、铸造俱精，人物刻画精细而又富有浪漫主义色彩。品相极佳，历千余年仍光可鉴人，实属罕见。此镜中的仙骑、仙山纹饰可以看作是唐代流行的道教思想在铜镜上的反映，体现了古代人民希求长生不老以及对仙人、仙界的向往和追求。

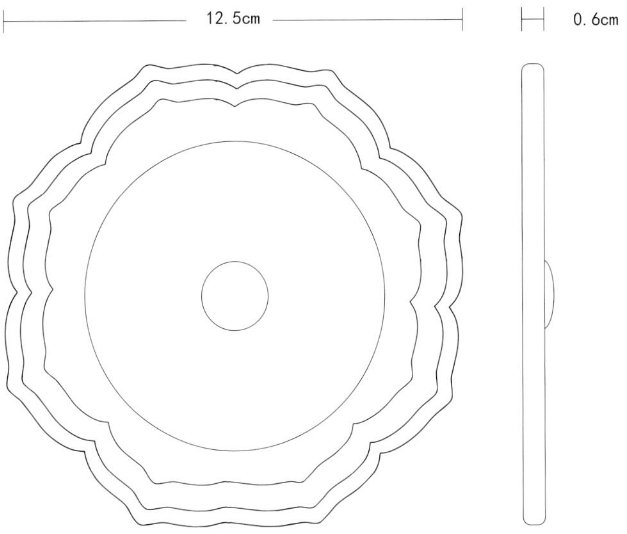

规格

直径 12.5cm

厚度 0.6cm

重量 342.3g

丛篁双犀镜

圆形，圆钮。镜钮两侧各有一头犀牛，犀牛相对而立，双角，身披鳞甲，短细尾，偶蹄。镜钮上方是一丛茂盛的篁竹，竹子两侧各有一株花卉。镜钮下方峰峦重叠，山上嘉树林立，山下池水细浪舒卷，芳草生于池边，云朵出于树梢，一派祥瑞、安宁景象。最外侧为突起的窄素缘。

此镜尺寸大，光气佳，颇为精美。尤其难得的是版式极好，犀牛、篁竹、山峦、池水、芳草、祥云等形象，表现出意境隽永、古意盎然的特征。古人向来视犀牛为祥瑞，原始社会犀牛在中国境内广泛分布，甲骨文中便有狩猎犀牛的记载，商代青铜器中也有精美的犀尊。然而随着气候、生态的变化，犀牛分布范围逐渐减少，数量也日趋稀少。至隋唐时，野生犀牛在中原地区已极为罕见，只在宫苑中有少量豢养，常人难以见到，以至于制作铜镜的工匠已不能准确刻画出犀牛的形象。唐以后，犀牛在铜镜上也就更难觅踪迹了。

规格

直径 24.2cm

厚度 0.5cm

重量 1569.3g

铜镜铭文说明

(1) 铜镜铭文中凡有不能释读和存疑的字，均作“□”。

(2) 铜镜铭文统一使用简体字。

(3) 铜镜铭文中的通假字、错别字，直接以通行字、正确字厘定；铭文中的省字，不予补全。

参考文献

[1] 甘肃省博物馆 . 武威雷台汉墓 [J]. 考古学报 ,1974(02):87-109.

[2] 孙机 . 几种汉代的图案纹饰 [J]. 文物 ,1982(03):63-69.

[3] 李群 , 李士斌 . 中国驴、骡发展历史概述 [J]. 中国农史 ,1986(04):60-67.

[4] 洛阳文物工作队 . 洛阳出土文物集粹 [M]. 北京：朝华出版社，1990.

[5] 何堂坤 . 中国古代铜镜的技术研究 [M]. 北京：紫禁城出版社 ,1999.

[6] 程林泉 , 韩国河 . 长安汉镜 [M]. 西安：陕西人民出版社 ,2002.

[7] 黄启善 . 广西铜镜 [M]. 北京：文物出版社 ,2004.

[8] 高西省 , 杨国庆 . 洛阳出土战国特种工艺铜镜及相关问题研究 [J]. 中原文物 ,2007(05):51-61.

[9] 王纲怀 . 止水集 王纲怀铜镜研究论集 [M]. 上海：上海古籍出版社 ,2010.

[10] 喻仲文 . 湖北云梦睡虎地秦墓漆器图像的性象征 [J]. 设计艺术研究 , 2011(05): 73-80.

[11] 王小秋 , 王素君 . 谈博局与规矩 [J]. 文物鉴定与鉴赏 ,2011(03):100-103.

[12] 王纲怀 . 西汉蟠螭纹铭文镜研究 汉字避讳、隶变刍议 [J]. 收藏家 ,2012(01):31-40.

[13] 鹏宇 . 两汉镜铭文字整理与考释 [D]. 复旦大学 ,2013.

[14] 张宏林 . 角王巨虚铭文镜的类型内涵与时代 [J]. 收藏家 ,2013(10):29-34.

[15] 孙机 . 从历史中醒来 孙机谈中国古文物 [M]. 北京：生活·读书·新知三联书店 ,2016.

[16] 王保成 . 连云港西汉铜镜铭文补释 [J]. 励耘语言学刊 ,2016(03):320-323.

[17] 邓林 . 汉代铭文镜研究 [D]. 上海大学 ,2017.